浙江文化艺术发展基金资助项目

PROJECTS SUPPORTED BY ZHEJIANG CULTURE AND ARTS DEVELOPMENT FUND

浙江文化
基因丛书

吴越◎主编

阳明心韵

绍兴阳明文化基因

徐红　蒋玲玲◎编著

杭州出版社

图书在版编目（CIP）数据

　　阳明心韵：绍兴阳明文化基因 / 徐红，蒋玲玲编著.
杭州：杭州出版社，2025. 1. --（浙江文化基因丛书 /
吴越主编）. -- ISBN 978-7-5565-2614-7

　　Ⅰ. G127.553

　　中国国家版本馆 CIP 数据核字第 2024HU7778 号

YANGMING XIN YUN——SHAOXING YANGMING WENHUA JIYIN

阳明心韵——绍兴阳明文化基因

徐红　蒋玲玲　编著

策　　划	屈　皓	
责任编辑	王晓磊	
责任校对	陈铭杰	
装帧设计	屈　皓　王立超　卢晓明	
美术编辑	王立超	
责任印务	王立超	

出版发行　杭州出版社（杭州市西湖文化广场 32 号 6 楼）
　　　　　　电话：0571-87997719　邮政编码：310014
　　　　　　网址：www.hzcbs.com

排　　版	杭州立飞图文制作有限公司	
印　　刷	天津画中画印刷有限公司	
经　　销	新华书店	
开　　本	710mm×1000mm　1/16	
印　　张	9.5	
拉　　页	1	
字　　数	150 千字	
版 印 次	2025 年 1 月第 1 版　2025 年 1 月第 1 次印刷	
书　　号	ISBN 978-7-5565-2614-7	
定　　价	68.00 元	

"浙江文化基因丛书"编委会

"浙江文化基因丛书"序

习近平总书记指出："支撑5000多年中华文明延绵至今的，是植根于中华民族血脉深处的文化基因。"①浙江是中华文明的重要发源地之一，文化底蕴深厚，文化名人辈出。一叶红船从嘉兴南湖驶出，在时代浪潮中驭势而行；沿"唐诗之路"踏歌而行，千古诗篇回响在山水之间；还有良渚文化、宋韵文化、上山文化、黄帝文化、南孔文化、和合文化、阳明文化、丝瓷茶文化、古越文化、吴越文化……这些文化基因，共同铸就了浙江的"根"和"魂"。

2024年3月6日，浙江省文化广电和旅游厅印发《浙江省文化基因激活工程实施方案（2024—2026年）》，这是继2020年浙江省文化和旅游厅印发的《浙江省"文化基因解码工程"实施方案（试行）》《浙江省"文化基因解码工程"工作导则》和2021年8月浙江省文化和旅游厅印发的《建设文化标识推进文旅融合行动计划（2021—2025年）（试行）》之后，为更好担负起新时代新的文化使命，深入贯彻省委十五届四次全会部署，在全省实施的又一项文化基因重大工程。

① 习近平：《携手建设更加美好的世界》（2017年12月1日），人民出版社，2017年，第3页。

文化基因解码工程，是文化基因激活工程的坚实基础。文化基因，顾名思义，是指从文化形态切入，厘清其历史渊源、发展脉络、基本走向，从物质、精神、制度要素，语言和象征符号等进行分析、解码所提取的关键知识内核。文化基因解码，围绕中华优秀传统文化、革命文化和社会主义先进文化，按照3个主类、20多个亚类、约100个基本类型分别归档，确保历史年代、地理位置、流布范围等数据均记录在册，挖掘、研究、阐释优质"文化基因"，对全省文化资源进行全面梳理。这是一项集"查、解、评、用"于一体的综合性系统工程。全省开展90个县市区的文化基因解码任务，包括文化元素调查、文化基因解码评价、《文化基因解码报告》撰写、证据资料汇总保存建档等，并在此基础上建成"浙江文化基因库"。文化基因解码，起于"查"，终于"用"。"查"就是铺开"一张网"，广泛收集区域内的文化资源，作为"解"的对象。"解"重在找准四大要素，提取一组基因。四大要素是指物质要素（如原料、工具、环境等）、精神要素（如思想观念、群体性格等）、制度要素（如乡规民约、族规家规、礼节礼仪、表演技艺、创作技法等）、语言和象征符号（如方言、图形、标志、表情、动作、声音等）。通过对四大要素的分解梳理，遴选重点文化元素作为解码对象，从中提取出关键性的知识（技术）点。然后通过对选择的文化基因解码，从生命力、凝聚力、影响力、发展力四个维度进行质量评价。最终用基因塑造IP，以文旅IP开发作品、设计产品，以作品、产品点亮城市生活、赋能乡村振兴。浙江以文化基因为根、文旅融合IP为脉，打造了一条以城带乡、城乡互促的发展闭环，推动文化资源的"活化"利用，把解码成果与提高人民群众生活品质相结合，这就是"用"。以人文之美推动精神之富足，增强浙江高质量发展建设共同富裕示范区的文化自觉。

显然，文化基因是传承和创新的基石。文化基因作为一个社会文化系统的逻辑起点，是一个社会存在和进化、变革和发展的决定力量。文化基因解码就是要把社会文化系统中所表现出来的文化形态、思维方式、行动模式、礼仪符号、风俗习惯等加以还原，揭示其本初原因和底层逻辑。改革开放四十余年来，浙江出现了令人瞩目的"浙江现象"，表现为快速的经济增长、蓬勃的发展活力、和谐的社会环境、显著的民生绩效。"浙江现象"源于浙江精神和浙江的文化基因。正确界定、充分挖掘浙江文化的内涵价值，解码浙江的文化基因，对于构建起有效支撑文化建设和旅游发展的"四梁八柱"，推动文化建设和旅游发展各项指标持续名列全国前茅，着力建设新时代文化高地、中国最佳旅游目的地、全国文化和旅游融合发展样板地具有重要而深远的意义。

如何寻找突破口？各地在选"码"、解"码"、用"码"的整个闭环中，成立解码专项小组，构建"乡土专家＋高校资源＋系统人才"三方协作机制，高效推进解码工程。首批编辑出版的"浙江文化基因丛书"中汇集的富阳、南浔、南湖、绍兴、瑞安、平阳、苍南、普陀、岱山、嵊泗、定海、临海、南孔圣地、开化、常山、金华（经开区）、遂昌、云和、景宁、宁波江北等地的研究成果，正是在归纳总结、科学分析浙江文化基因的基础上，探索文化基因解码的方法和路径，同时从人类学、社会学的角度，运用现象学原理，在哲学层面进行解构、剖析，既有理论深度，又能方便应用。丛书勾勒出各地推进文化基因解码工程的概貌。成果本身的内容、方法、转化等，对各地都有很强的示范作用和借鉴意义。

可以说，"浙江文化基因丛书"中的成果，以浙江文化高质量发展为目标，以融合发展为重点，紧扣激活优秀文化基因，以文化基因的挖掘利用赋能文化事业和文旅产业发展，为我省文旅发展再上新台阶、为文化浙江建设贡献了力量。

叶志良

2024 年秋于杭州

目　录

前　言

　　绍兴的阳明文化作为我国优秀的文化基因，已经广为人知。阳明文化是当代浙江精神的文化源泉之一，也是浙江的三大文化标识之一。2021 年 1 月，浙江省文化和旅游厅印发《阳明文化、和合文化、南孔文化研究、保护和文旅融合发展行动计划（2021—2023）》，将其中解码阳明文化基因，促进阳明文化活化、物化和生活化的重任交给了我们绍兴。

　　2021 年以来，我们按照省文旅厅的工作部署，积极围绕培育"阳明故里，心学圣地"的重要目标，立足阳明心学在绍兴深厚的文化积淀，汇聚地方才俊智慧，积极推进"文化基因解码工程"。实施专项阳明文化资源普查，共梳理了阳明文化元素 170 个，涉及中华优秀传统文化、社会主义先进文化两大主类、九大亚类、十六大基本类型，基本描绘出绍兴阳明文化的脉络和谱系。在此基础上，我们筛选出阳明文化重点元素清单"一张表"，撰写了解码报告"一本书"，夯实了阳明文化的文旅资源。

　　同时，我们着眼于文化解码成果的高效率转化、高水平应用和高质量发展，围绕新建伯府、稽山书院、王阳明墓、陈溪阳明祖居等九大重点元素，形成转化利用方案 15 项、转化建议 30 余项，为建立文化基因转化利用长效机制、实现文旅产品市场联通和效益转化，并将阳明文化资源凝练成为阳明文化标识打好了基础。结合阳明文化基因的转化利用，基于群众对于阳明文化的需求，我们运用数字技术，以"统"的集成化思维追溯阳明文化的发展历程，筛选关键知识点，解码阳明文化基因，绘制东亚阳明文化旅游地图，建立阳明文化数据库，积极助力阳明文化贴近寻常百姓，取得了良好的成效。

绍兴作为阳明文化的核心传播区，我们在推进"文化基因解码"的基础上，促进阳明文化的文旅转化利用和文化出海，加快迈向国际化。阳明文化作为绍兴的文化"金名片"，深受日、韩等国的喜爱和关注。围绕阳明文化的转化利用，我们将进一步提升绍兴阳明文化鲜明的文化辨识度。

未来，我们会更着力于阳明文化的创造性转化、创新性发展，将绍兴这个阳明文化的核心传播区打造成东亚阳明文化传播中心，使阳明文化变成沟通东亚、联通世界的重要桥梁，实现阳明文化扬帆出海的重要使命。我们期待，通过集聚社会力量共同传播、弘扬阳明文化，使阳明文化飞进全世界热爱阳明文化的寻常百姓家。

何俊杰

二〇二三年十一月

新建伯府

阳明心韵 绍兴阳明文化基因

新建伯府

　　王阳明（1472—1529），名守仁，字伯安，祖籍山阴（今绍兴），生于余姚，10岁时随家人迁居山阴。因曾筑室于会稽山下阳明洞，自号阳明子，学者称之为"阳明先生"。王阳明是明代著名的思想家、文学家、哲学家、军事家、教育家，其"心学"是明代影响最大的哲学思想。王阳明在绍兴曾建有一座伯府第，如今伯府第的建筑早已不存在，但人们沿用至今的几处地名，见证了王阳明在绍兴生活和讲授"心学"的历史。

王阳明的父亲王华，为明宪宗成化十七年（1481）状元，授翰林院修撰，曾任南京吏部尚书等职。王华在高中状元的当年，携家人从余姚回到祖籍山阴越城光相坊，在光相桥旁并排兴建了三所台门，依次命名为状元第、翰林第、学士第；后又在西小河东岸，北海桥之前，谢公桥之后建成状元府，又称宫保第。王华曾任职于詹事府，辅导太子，故而名之。状元府建成于弘治元年（1488），时王阳明16岁，因是长子、嫡出，故留居状元府，其余三房分居于光相桥旁的三所台门中。

王阳明自幼受宋儒理学的熏陶，怀有"读书学圣贤"的志向。王阳明任兵部主事期间，宦官刘瑾擅政。武宗正德元年（1506），朝臣上疏要求削除宦官刘瑾的权柄，被逮捕入狱。王阳明不畏权贵，抗疏引救，触怒刘瑾，被廷杖四十，贬为贵州龙场驿丞。在边远荒凉的龙场，王阳明静心思考，提出了"致良知"学说，又称"心学"。刘瑾恶行败露被诛后，王阳明被起用为右都御史，巡抚南赣。正德十四年（1519），宁王朱宸濠在江西南昌起兵谋反，王阳明率师平定叛乱。由于宦官张忠等谗言构陷，平叛不但无功，反而获咎。明世宗朱厚熜即位当年，王阳明任南京兵部尚书。不久，诏封新建伯，世袭。次年，又钦赐御建伯府第。

嘉靖元年（1522）二月，王阳明的父亲王华在家中去世。办完丧事后，王阳明才将状元府扩建为伯府第，占地16亩（合约10666.67平方米）。府第入口处建小型四柱三间冲天石砌牌坊，府中大厅高大宽敞，梁架全部用楠木构成。伯府第建成后，府中大厅成了王阳明讲授"心学"之所，其时，四方门人常在此聚集受学。明嘉靖三年（1524），绍兴知府南大吉在龙山西首重建稽山书院后，王阳明又在书院讲学。伯府大厅的性质相当于书院，在这里，王阳明完善和总结了"心学"，使"致良知"学说广为流传。

王阳明故世后，其后代一直居住于此。1927年初，伯府第失火，烧毁了大厅及周边建筑，整座府第仅剩下了石门框、饮酒亭、观象台、碧霞池等遗迹。今天的王衙弄即原王阳明府第内的一条通道。

一、要素分解

（一）物质要素

1.历史悠久的新建伯府。明正德十六年（1521），王阳明升任南京兵部尚书，十二月封新建伯，钦赐御建伯府第。次年，其父谢世，王阳明始将状元府扩建为伯府第。伯府第位于北海桥东南侧王衙弄21号与假山弄之间。清嘉庆《山阴县志》卷二十一引马如龙《王阳明祠碑记》云："先生世居山阴，后徙姚江，其里居旧有专祠以奉烝尝，岁久陵剥不治。太守李君崇尚文教，倡率僚属士绅，重为修建。"

阳明故居原称"伯府"（案：阳明父龙山公状元及第后，迁居山阴东光坊故居，又择地另建状元府，即今北海街道王衙弄附近，因阳明封新建伯，故称伯府），伯府周围二里二十步，梁架皆用楠木，后毁于火，今只存石门框（高3.8米、宽6.6米）、石牌坊、饮酒亭（亦称王家台门）、王衙池及观象台（观星台）。石牌坊在王衙弄，原为四柱三间，现存三柱两间。王衙池在王衙弄与大仓之间，又名碧霞池，为府第前一方形石砌大池，长35米，宽25米，池边有踏步三处。乾隆《绍兴府志》则载称"在承恩坊，王守仁宅内"，待考。观象台在假山弄，为一土筑高台，南北宽10余米，东西长20米，相传为阳明观星之处。

2.蕴藏哲思的碧霞池。碧霞池，俗称王衙池，是伯府第大门前的一方水池。伯府第坐落于谢公桥之后，北海桥之南。此处风光秀丽，环境优美。但由于府第前无河道环绕，于是便在府第门前挖了一个大水池，池长37米，宽25米，代之以门前河水，象征风水之利。该池既是王宅内的观赏池，又是消防池。池周围花木扶疏，绚丽怡人，池内碧水清清，映照云霞，由此得名碧霞池。此后，又在池上架设木桥一座，桥两侧设美人靠椅，以供休憩。桥造于池上，更能"鸢飞戾天，鱼跃于渊"，任其上下可察，天泉可鉴，桥因而取名"天泉"。桥池呈现"蓝天照碧水，清泉映霞烟"的景致，

其意其形相得益彰，哲理至深。

王阳明在父亲去世后，遵奉明朝丧制，为父守孝3年。由于朝廷中排挤王阳明的势力很大，朝廷竟长达6年不召其回京。在此期间，王阳明隐居山阴讲学，常乘月色之夜，在碧霞池坐舟吟诗，吊慰先人。

明嘉靖三年（1524）八月十五晚，皓月当空，亮如白昼，王阳明在府第设夜宴，与诸门生饮酒论学，半夜时分，兴之所至，移席于碧霞池天泉桥上，饮酒赏月，吟诗讴歌。

嘉靖六年（1527）五月，王阳明奉诏前往南宁平乱。离开家乡前，门生纷至沓来，求教"心学"。临行前的一天晚上，客始散，王阳明正要入

内休息，闻门生钱德洪、王畿立庭下，请教"心学"真谛，先生复出，并邀两门生至碧霞池天泉桥上。王阳明此时已是积劳成疾，此去南宁平乱，预感自己很难平安归乡，遂将自己毕生感悟与智慧传给了嫡传弟子。他站在桥上高声朗诵了他"心学"中的"良知""格物"教义："无善无恶心之体，有善有恶意之动。知善知恶是良知，为善去恶是格物。"

门生屏气凝神，洗耳恭听，记下了这四句话。此教义系王阳明立于碧霞池天泉桥上所授，后人称之为"天泉证道"，亦称"心学四诀"。

今碧霞池尚存，天泉桥已圮废。

3.交通便利的船舫弄。船舫弄位于绍兴古城西小河东侧，伯府第西首。明代时，西小河水面较为开阔之处，被人称为大船埠头，是王阳明家停泊船舫之处，后将大船埠头东侧的一条路称为"船舫弄"。

绍兴境内河网众多，水路四通八达，因此人们出行的主要交通工具就是乌篷船（将船篷漆成黑色而得名）。乌篷船有大有小，小的乌篷船只需一人坐在船尾，手脚并划船桨，就可在水面穿梭；大的乌篷船，可容人直立，

可置放桌椅，船舱内外饰画题诗，亦称"画舫"或"船舫"。当年，王阳明在伯府大厅讲授"心学"，前来听讲的门生济济一堂，就连绍兴知府南大吉也自称门生来此求学，这些来往于伯府第的官员及门生所乘之船舫就停泊在大船埠头。

（二）精神要素

1.心即是理、知行合一的"四句教"思想。四句教作为王阳明的晚年定论，联系其"心即理""知行合一""致良知"三大命题，可以说是融儒、释、道于一体，继承了中国哲学史形而上学的传统，为中国哲学开辟了道路。

首先，"四句教"标志着儒学对释、道改造的基本完成，中国古代哲学走向成熟。其次，"四句教"透露了辩证法的信息，发出了反对形而上学的信号。

王阳明已经意识到"本体"与"主体"的区别，注意到"主体"对认识的能动作用，而且揭示心与理、知与行、致良知的内在联系和辩证统一。尽管他把"心"既当作"主体"，也看成"客体"，是头足颠倒的辩证法，其根本内容仍然是人伦道德原则，特别是封建的道德原则，但反形而上学的思想闪光点还是不可磨灭的。

从程朱理学以后，特别是从明代中叶起，在中国哲学史上兴起了一阵反形而上学的热潮。可以认为，与朱熹相对垒的陆九渊，主张心即理，杨慈湖反对有形而上与形而下之分，初具反对形而上学的思想，到了王阳明，则以其简易的心学，确认整个世界只是一个以人心为天地之心的天地万物，摒弃了形而上学的理的世界，比他的宗师陆九渊又前进了一步。由这一步，才有后来明清之际的黄宗羲、王船山、颜元、戴震的反形而上学，使中国古代哲学走向成熟。这是历史事实，是无可置疑的。

2. 兴学重教的社会精神风貌。讲学是历代大儒弘道的主要形式，这种精神可与日月同辉，流芳万古。南大吉在稽山书院亲设尊座，恭迎阳明先生并自称门生，又以绍兴府的名义，在新建伯府上立阳明书院，会两地讲学，聚八方彦士，一时蔚为大观。太守以门生身份作为表率，积极参与并亲自督学，师生相互默契，上下同心协力，形成了"政学合一"的局面。

《王守仁年谱》记载当时情形："官刹卑隘，至不能容，盖环坐而听者三百余人。先生临之，只发《大学》万物同体之旨，使人各求本性，致极良知以止于至善，功夫有得，则因方设教，故人人悦其易从。"事实上，绍兴已经成为当时的学术中心，前来求学的人已是数以万计了。平心而论，阳明先生的讲学规模与深度已经超过了当年的孔子，为他的晚年抹上了浓墨重彩。他居越六年间，倾情传"致良知"之教，影响遍及全国。

嘉靖三年（1524）十月，南大吉以门人的身份，将阳明先生的讲学著作《传习录》续刻于绍兴，并由原三卷增至五卷，一直流传于后世。阳明心学在全国蓬勃发展，后来形成了学派的分流，《明儒学案》中列出七派：浙中、江右、南中、楚中、北方、闽粤、泰州。其中的"北方派"，就是以南大吉为领袖的，因南大吉为陕西人，故又称"关学"。正是：先生之风，山高水长；人师之魂，月辉日光。

（三）语言与象征

绍兴阳明故里。阳明故里由阳明故居、阳明纪念馆、阳明广场等项目组成。整个景区以古建筑群为载体，是在遗址基础上营造原真性生活情境，让阳明文化爱好者可以在此拜谒、参观与游学。

阳明故里以诗情化景的手法，营造故居前庭院的空间氛围感，保留了原有考古发掘发现的六大遗迹：伯府大埠头、牌坊残基、碧霞池、石库门、饮酒亭、观象台。

阳明故居遗址是全国唯一经考古发掘确认的阳明先生宅邸遗址。而这处坐落于西小河的王阳明故居，是目前全国最大的一处王阳明故居，是在原遗址上进行重建的。故居旧址当时被称为"新建伯府"。明正德十六年（1521），王阳明因平定宁王叛乱有功，受封新建伯。此后，他就在父亲王华旧居上大范围扩建"伯府第"。

王阳明故居遗址为"一轴、四进、六重"的平面格局，主要建筑由门厅、明德堂、至善堂、传习堂四进院落构成。

明德堂：明德，出自《礼记·大学》："大学之道，在明明德。"明德

堂左右壁画分别是《王华致仕》和《敕封新建伯》，参照唐代人物画及明清宫廷画的绘画风格进行绘画创作。

至善堂：这是整个故居中最高的一个厅堂，堂内布置成一个声音剧场，还原明代讲堂空间，采用数字投影的方式介绍父亲王华去世时王阳明在绍兴家中守孝、专事讲学的场景，虚实结合，增强游客的互动体验。

东跨院：一幅大型木雕艺术作品，以史诗一般的表现方式，形象地展示王阳明跌宕起伏的人生际遇，及其在不同生命阶段的境界。经过大师的匠心制作，这些都栩栩如生地呈现在游客面前。

阳明纪念馆是一座下沉式两层楼建筑，放眼望去，4.5米高的阳明雕像栩栩如生，雕像后巨型圆柱形建筑尤为显眼。站在充满高科技的展厅中央的圆台上说一句话，声音空灵般入耳、回荡，仿佛能感受到阳明先生悟道之时全神贯注的场景。纪念馆内设有阳明文化数字文献厅、陈列厅、影厅、心源厅和文创体验休闲区等，借助光影等多媒体技术，通过虚实结合的方式，展示了知行合一、致良知、心即理等阳明心学的核心理念。纪念馆的

建筑设计从阳明心学这一中国传统文化出发，借助中国画中散点透视的特点，以吴冠中笔下的绍兴为灵感进行表达，借鉴绍兴传统民居构造与组织方式，围合形成下沉式中心水院，烘托出核心的心源厅。心源厅是一个沉浸式环幕影院，通过心源艺术哲理影片和光的理念设计，营造一个空灵的

氛围，依靠顶部的天光，给室内带来丰富的光影变化。影厅播放动画片《千古不朽王阳明》及剪辑纪录片《王阳明》，前者聚焦阳明先生青年、中年、老年至归葬的四个阶段，讲述了阳明先生在绍兴的故事，后者在精简原片的基础上让观众更好地了解阳明先生的生平以及精神思想。

二、核心基因提取与评价

基于对材料的全面、深入分析，本文化元素的核心基因可表述为"历史悠久的新建伯府""心即是理、知行合一的'四句教'思想""兴学重教的社会精神风貌"。

新建伯府核心文化基因评价依据

评价项目	评价因子	评价依据（特点）	是否
生命力评价	文化基因存续的时间	自出现起延续至今，未曾明显中断	√
		自出现起延续至今，但多次衰微、中断后复兴	
		曾明显衰败，改革开放后开始复兴或历史溯源关键环节缺失，难以考证	
		文化形态主体已灭失，现存部分痕迹	
	文化基因的稳定性	在发展过程中保持相当稳定的状态	√
		在发展过程中存在明显的精神内涵、表现形式剧变	
凝聚力评价	文化基因的凝聚力及社会动员效果	曾广泛凝聚起区域群体的力量，显著推动过社会经济文化的发展	√
		曾部分凝聚起区域群体力量，对社会经济文化的发展产生过影响	
		凝聚过力量，创造过实际的发展动能，但未见对社会经济文化发展产生显著改变	
		仅在历史文献或口耳相传中存在，未见实际介入社会经济发展	

评价项目	评价因子	评价依据（特点）	是否
影响力评价	辐射的范围	具有全国性、世界性的影响力	√
		具有长三角区域、浙江省影响力	
		具有市县、乡镇影响力	
	提炼的高度	已经被古代文人士大夫和当代学者提炼为精神符号和理念理论	
		单纯的样式、造型、工艺技术规范	
发展力评价	与当代精神追求和价值观念的契合	传统文化基因得到创造性转化、创新性发展；区域革命文化基因被完整继承、广泛弘扬；区域社会主义先进文化基因成为与浙江"三个地"相适应的文化高地	√
		部分转化、部分弘扬、部分发展	
		难以转化、难以弘扬、难以发展	

说明：基因特点评价是对解码出来的基因，根据本《导则》表2的要求，围绕"四个力"逐一对表打"√"，进行定性表述

（一）生命力评价

"历史悠久的新建伯府""心即是理、知行合一的'四句教'思想""兴学重教的社会精神风貌"自出现起延续至今，未曾明显中断，且在发展过程中保持相当稳定的状态。

"天泉证道"的原址在"历史悠久的新建伯府"中的碧霞池。碧霞池即王衙池，这是新建伯府的原物。当年这里一池碧水，池畔花团锦簇，天泉桥在其上，碧霞寓意晚霞之后的明月。

新建伯府以碧霞池为中轴线。前面是王阳明父亲王华的状元府，后面是伯府第。现在古城区西小河边王衙弄19号，有一间半不起眼的古色古香的民居，坐落在王衙池边，它就是王阳明伯府第遗存。老房子的小门上有一块木板，上面写着"王阳明故居遗址"，这是1999年绍兴市文物局将其作为市文物

保护点时立的牌子，2023年又立了"浙江省文物保护单位"的石碑。

明代的黄佐在他的《庸言》一书中说："癸未冬……予即往绍兴见之，公方宅忧，拓旧仓地，筑楼房五十间，而居其中，留予七日，食息与俱。"可见当时伯府第房子很多，有50间。王阳明第十六世孙王诗棠也说，吕府十三厅占地48亩，伯府仅占地16亩。伯府的建筑面积只有吕府的一半。新建伯府旁还有一个三柱石砌门槛，这是伯府第的原物。石门槛石质青青，古朴如玉，至今保存完好。王阳明当年的观象台尚存，这是王阳明生前在绍兴所筑用来占卜星象、观察天体的长方形高台。高台南北宽10余米，东西长20米，形同假山，人称"王假山"，是以碧霞池之土垒起的，目前叫月明园。西小河靠近伯府之地，河道最宽，是伯府船只停靠之地，故称"伯府大埠头"，如今清水无语自起波。伯府第、碧霞池、观星台、大埠头、船舫弄、假山弄、王衙弄及饮酒亭等，构成了新建伯府的真迹，是王阳明最为珍贵、最为重要的历史遗迹。新建伯府中发生的"天泉证道"和讲学活动也体现了王阳明"心即是理、知行合一的'四句教'思想""兴学重教的社会精神风貌"，体现了其文化基因的生命力。

（二）凝聚力评价

"历史悠久的新建伯府""心即是理、知行合一的'四句教'思想""兴学重教的社会精神风貌"曾广泛凝聚起区域群体的力量，显著推动过社会经济文化的发展。

王阳明的心学"吾性自足，不假外求"，体现为道德主体自我内心的道德修养和道德完善。这种"吾性自足，不假外求"，不像朱熹那样将心与理分为两端，而是在"心即是理、知行合一的'四句教'思想"和"兴学重教的精神思想"的道德实践中，由道德主体自身来把握人伦的外在世界和人心的道德世界。因此，从表面看来，王阳明的心学追求的是内心的道德修养与道德境界，其实是对外在世界和内在世界的"双重把握"。在这种"双重把握"中，王阳明一直在力挺道德主体之"心"的存在和弘扬。

文明发展至今，我们依然能够看到王阳明心学跳动的"命脉"和活生生的画面。今天是过去的延续，现代道德文明是过去道德文明的发展。从对王阳明心学的考察中，依然能够感受到其在现代社会中鲜活的价值和意义。一言以蔽之，失去道德之"心"的现代人，将会陷入极端功利主义和极端利己主义的泥潭而无法自拔，甚至有的人不愿自拔，甘愿自我沉沦，而拯救那些失去道德之"心"的现代人，王阳明的心学无疑是一剂道德文化良药，值得我们借鉴与深思。

三大核心基因分别从不同的方面凝聚区域群体力量，促进了新建伯府的传承和发展，推动了文化事业走向繁荣、经济生活日益富足。

（三）影响力评价

"历史悠久的新建伯府""心即是理、知行合一的'四句教'思想""兴学重教的社会精神风貌"具有全国性、世界性的影响力，已经被古代文人士大夫和当代学者提炼为精神符号和理念理论。

在"2020阳明心学大会"开幕式上，浙江省文物考古研究所、绍兴市文物考古研究所发布王阳明故居遗址考古发掘成果。新建伯府是阳明学研究的重要实物例证，也是学习和弘扬阳明心学的纪念地。其重要性远非一般后代新建的纪念性建筑物可以比拟，一砖一瓦皆是"心即是理、知行合一的'四句教'思想"和"兴学重教的精神思想"的见证。

新建伯府位于绍兴市越城区上大路以南、西小河以东、王衙弄以西、吕府以北。经国家文物局批准，自2020年6月起，浙江省文物考古研究所联合绍兴市文物考古研究所，对阳明故居遗址主体院落进行考古发掘，发掘面积约1500平方米。

经过4个多月的考古发掘工作，考古人员初步明确了新建伯府的核心建筑基址，并揭示出布局呈中轴线对称的两进式院落，朝向为南偏西11°。新建伯府中轴线建筑自南向北依次为南大门（石门框）、门屋、月台、一进大厅、后抱厦、二进庭院、甬道、二进大厅等，主体大厅建筑之间沿中轴线由甬道相连。在发掘区北部边缘，考古人员发现了二进大厅后的抱厦遗迹。

考古证明绍兴王阳明故居建筑规模宏大，规格罕见，王阳明的伯府第正对府山之高峰，前有碧霞池，后有观象台，旁有西小河，其气势恢弘。当年阳明先生在此披云看山，掬水洗眼，讲学伯府，证道天泉。民间所传"吕府十三厅不及伯府一个厅"并非虚言。

（四）发展力评价

"历史悠久的新建伯府""心即是理、知行合一的'四句教'思想""兴学重教的社会精神风貌"与当代精神追求和价值观念的契合，具有创造性转化、创新性发展的潜力。

绍兴一直重视阳明文化。绍兴多次召开过王阳明国际学术研讨会。2011年《绍兴晚报》曾呼吁修缮保护新建伯府，将王阳明伯府第旧址与吕府连成一片，再造一个类似"鲁迅故里"的阳明故里。绍兴市有关政协委员专门就此提出提案，市九三学社于2012年召集专家学者，就王阳明伯府第保护开发及王阳明研究课题召开座谈会。绍兴市政府也曾就此专门召开座谈会。

专家们多次呼吁，在打造文化休闲城市的今天，修缮保护中华文化的代表性人物王阳明的故居也正当其时。

绍兴市文史专家任桂全认为，王阳明提倡的"心即是理、知行合一的'四句教'思想""兴学重教的精神思想"等是现在要大力提倡的精神思想。现在绍兴正在全力推进全域旅游，如果绍兴打造好王阳明故里，与绍兴城内的鲁迅故里、书圣故里相呼应，绍兴的全域旅游也能更显特色。而西小路沿河两侧民居具有典型的江南水乡特色，粉墙黛瓦、水埠拱桥，为王阳明故居的修复提供了基础。王阳明的伯府第在王衙弄一带，是绍兴历史文化名城保护中心地带，恢复、保护和开发王阳明故居，既是历史文化保护的需要，也是适应时代的需要。

目前，全国已掀起王阳明热潮，王阳明求学于绍兴，生长在绍兴，避难于绍兴，阳明洞天、阳明府第、阳明墓都在绍兴。在王阳明的这篇文章上，绍兴有许多事可做，如王阳明足迹调查、绍兴文化思想如何影响阳明、阳明如何影响绍兴，都可以深入研究，还可以成立王阳明研究会、恢复王阳明故居、打造阳明书院等。

三、核心基因保存

　　"历史悠久的新建伯府""心即是理、知行合一的'四句教'思想""兴学重教的社会精神风貌"作为新建伯府的核心基因，《王阳明在绍兴的历史文化遗产开发与利用的研究》《论王阳明心学之"心"的伦理内蕴及其现代价值》等 10 篇相关文字资料保存于绍兴阳明文化基因解码调查组资料库。

《传习录》

阳明心韵　绍兴阳明文化基因

《传习录》

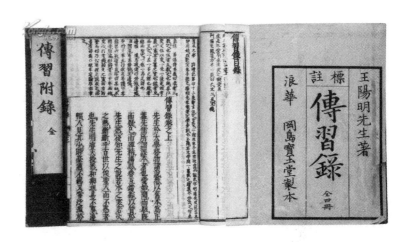

　　王阳明中进士后在京师任刑部云南清吏司主事后主考山东乡试，后又任兵部武选清吏司主事。正德元年（1506），他因弹劾宦官刘瑾，被谪为贵州龙场驿丞。

　　正德三年（1508），王阳明发生重要的思想转变，以为圣人之道，吾性自足，于是他放弃朱熹向外穷理的格物致知说，并在贵州当地建立龙冈书院。贵州提学副使席书聘其主讲贵阳书院，王阳明在此首次演讲"知行合一"说。不久，他升为江西庐陵知县后，历任南京刑部主事、四川清吏司主事、吏部验封清吏司主事、南京太仆寺少卿、南京鸿胪寺卿、都察院左佥都御史等职。正德八年（1513），他官至滁州督马政，讲学规模渐大，一度强调静坐，要求就思虑萌动处省察克治。

正德十一年（1516），王阳明升任都察院左佥都御史，奉命镇压南、赣农民起义。在军事镇压取得成功后，他强调思想统治，重视教化，使南、赣的统治秩序得到恢复。正德十三年（1518），王阳明在赣县修建濂溪书院，刻印古本《大学》，印发《朱子晚年定论》，其弟子薛侃出版了《传习录》。

正德十四年（1519）六月，王阳明督兵讨伐宁王朱宸濠在南昌发动的叛乱，仅用35日即生擒朱宸濠。

50岁时，王阳明升至南京兵部尚书，后退职回乡。他从自己的经历中总结了经验，提出"致良知"的学术宗旨，认为这是从百死千难中得来，若信得这三字，譬之操舟得舵。晚年又总督两广军务，病死归途。遗著有《王文成公全书》38卷。

明代心学发展的基本历程，可以归结为：陈献章开启，湛若水完善，王阳明集大成。阳明心学后传入了日本、朝鲜等国。王阳明弟子极众，世称"姚江学派"。王阳明文章博大昌达，行墨间有俊爽之气。

"外心以求理，此知、行之所以二也。求理于吾心，此圣门知、行合一之教。"《传习录》包含了王阳明的主要哲学思想，是研究王阳明思想及心学发展的重要资料。上卷经王阳明本人审阅，中卷里的书信出自王阳明亲笔，是他晚年的著述，下卷虽未经本人审阅，但较为具体地解说了他晚年的思想，并记载了王阳明提出的"四句教"。

"心即理"本来是陆九渊的命题，《传习录》对此作了进一步阐述。王阳明批评朱熹的修养方法是去心外求理、求外事外物之合天理与至善。王阳明认为"至善是心之本体"，"心即理也，此心无私欲之蔽，即是天理，不须外面添一分"。他这样说是强调社会上的伦理规范之基础在于人心之至善。从这个原则出发，他对《大学》的解释与朱熹迥异。朱子认为《大学》之"格物致知"是要求学子通过认识外物最终明了人心之"全体大用"。

王阳明认为"格物"之"格"是"去其心之不正，以全其本体之正"。"意之本体便是知，意之所在便是物。""知"是人心本有的，不是认识了外物才有的。这个知是"良知"。在他看来，朱子的格物穷理说恰恰是析心与理为二的。由此可见，王阳明的"心即理"的命题主要是为其修养论服务的。"致良知说"是对陆九渊"心即理"思想的发展。王阳明的"心即理"思想也有我们一般意义上的本体论的含义。然而，如果偏重从本体论研究它，就会忽视它在王阳明修养论中的基础意义。

《传习录》包括了王学所有重要观点。上卷阐述了知行合一、心即理、心外无理、心外无物、意之所在即是物、格物是诚意的功夫等观点，强调圣人之学为身心之学，要领在于体悟实行，切不可把它当作纯知识，仅仅讲论于口耳之间。中卷有书信八篇。回答了对于知行合一、格物说的问难，还谈了王学的根本内容、意义与创立王学的良苦用心。在讲解致良知大意的同时，也精彩地解释了王学宗旨，回答了他们关于本体的质疑，并且针对各人具体情况指点功夫切要。另有两篇短文，阐发阳明的教育思想。下卷的主要内容是致良知，阳明结合自己纯熟的修养功夫，提出本体功夫合一、满街都是圣人等观点，尤其引人注目的是"四句教"，它使王学体系齐备。

《传习录》是王阳明的问答语录和论学书信集，是一部儒家简明而有代表性的哲学著作。它不但全面阐述了王阳明的思想，也体现了他辩证的授课方法，以及生动活泼、善于打比方、常带机锋的语言艺术。

一、要素分解

（一）物质要素

《传习录》包含了王阳明的主要哲学思想，是研究王阳明思想及心学发展的重要资料。上卷经王阳明本人审阅，中卷里的书信出自王阳明亲笔，是他晚年的著述，下卷虽未经本人审阅，但较为具体地解说了他晚年的思想，并记载了王阳明提出的"四句教"。

《传习录》的版本情况大体如下：

王阳明的学生徐爱自正德七年（1512）开始，陆续记录下王阳明论学的谈话，取名《传习录》。正德十三年（1518），另一学生薛侃将徐爱所录残稿及陆澄与他新录的部分一起出版，仍名为《传习录》。嘉靖三年（1524），南大吉增收王阳明论学书信若干篇，以原名出版。嘉靖三十三年（1554），王阳明的学生钱德洪将陈九川等人所录的《遗言录》加以删削，与他和王畿所录编成《传习续录》出版。

嘉靖三十五年（1556），钱德洪又增收黄直所录。隆庆六年（1572），谢廷杰在浙江出版《王文成公全书》，以薛侃所编《传习录》为上卷，以钱德洪增删南大吉所编书信部分的8篇为中卷，以《传习续录》为下卷，并附入王阳明所编《朱子晚年定论》。这就是《王文成公全书》本的《传习录》。上海商务印书馆曾影印隆庆六年（1572）《王文成公全书》作为四部丛刊本，上海商务印书馆1927年出版了叶绍钧的校注本。

《传习录》集中反映了王阳明的心性之学，在中国古代哲学史上有着重要的地位。直到当代，王阳明的思想在当代新儒家中仍有深刻的影响。当代的许多思想家和学者一直致力于对它作现代解释并力图克服其偏失。

（二）精神要素

1. "省察克治"的"知行合一"思想。知行问题是《传习录》中讨论的重要问题，也反映了王阳明对朱熹以来宋明理学关于这个问题讨论的进一步研究。

王守仁反对将知行分作两截，主张求理于吾心。他说："知是行的主意，行是知的功夫；知是行之始，行是知之成。若会得时，只说一个知，已自有行在，只说一个行，已自有知在。"知行是一个功夫的两面，知中有行，行中有知，二者不能分离，也没有先后。与行相分离的知，不是真知，而是妄想；与知相分离的行，不是笃行，而是冥行。他提出知行合一，一方面强调道德意识的自觉性，要求人在内在精神上下功夫；另一方面也重视道德的实践性，指出人要在事上磨练，要言行一致，表里一致。同时他强调意识作用的结果，认为一念发动处即是行，混淆了意识活动同实践活动的界限。他提倡知行合一的根本目的，是为了克服"一念不善"，这是他的"立言宗旨"。

王守仁的知行合一说主要是一种讲内心"省察克治"的唯心主义道德修养学说。他所谓不曾被私意隔断的知行本体，就是指"见父自然知孝，见兄自然知弟，见孺子入井自然知恻隐"的良知，认为"致吾心之良知于事事物物也"就是行。他的"致良知"即知行合一，就是"为善去恶""去人欲、存天理"的功夫。他声明："我今说个'知行合一'，正要人晓得一念发动处，便即是行了；发动处有不善，就将这不善的念克倒了，须要彻根彻底不使那一念不善潜伏在胸中；此是我立言宗旨。"

2. "随物而格"的"致良知"思想。致良知是中国明代王守仁的心学主旨。"良知"语出《孟子·尽心上》，孟子曰："人之所不学而能者，其良能也；所不虑而知者，其良知也。孩提之童，无不知爱其亲者；及其长也，无不知敬其兄也。亲亲，仁也；敬长，义也；无他，达之天下也。"

《大学》有"致知在格物"语。王守仁认为，"致知"就是致吾心内在的良知。这里所说的"良知"，既是道德意识，也指最高本体。他认为，良知人人具有，个个自足，是一种不假外力的内在力量。"致良知"就是将良知推广扩充到事事物物。"致"本身即是兼知兼行的过程，因而也就是自觉之知与推致知行合一的过程，"致良知"也就是知行合一。"良知"是"知是知非"的"知"，"致"是在事上磨练，见诸客观实际。"致良知"即是在实际行动中实现良知，知行合一。"致良知"是王守仁心学的本体论与修养论直接统一的表现。

知行合一，就是要将知识与实践、功夫与本体融为一体。良知前冠一"致"字，恰如其分、恰到好处地点出了要害。这个"一了百了"的功夫又正是活一天有一天新问题的需日新、日日新的功夫。

把握住良知这个根本，然后加以所向无敌的推导，便是王阳明教学生的简易直接的方法。如有人用"知之匪艰，行之惟艰"这句圣训来怀疑知行合一的命题，阳明说："良知自知，原是容易的。只是不能致那良知，便是'知之匪艰，行之惟艰'。"一个人是否能成圣，在于他是否心诚志坚，是否心存良知，用阳明的话说叫"随物而格"。

（三）制度要素

名家辈出的姚江学派。阳明学派，又名姚江学派，创始人为王守仁，因其曾筑室于故乡阳明洞中，世称阳明先生，故称该学派为阳明学派。该学派提倡"心即理""知行合一""致良知"等学说，后分化为浙中王学、江右王学和泰州王学等七派。

阳明学派是明朝中晚期思想学术领域中的一个著名流派，其学说是明朝中晚期的主流学说之一，后传于日本，对日本及东亚其他地区都有较大影响。其中最著名者六人，据黄宗羲《明儒学案》载："南中之名王氏学者，阳明在时，王心斋、黄五岳、朱得之、戚南玄、周道通、冯南江，其著也。"

（四）语言和象征符号

意义非凡的四句教。四句教是"无善无恶心之体，有善有恶意之动，知善知恶是良知，为善去恶是格物"。这对于人的道德认识和实践都具有深远意义。

二、核心基因提取与评价

基于对材料的全面、深入分析，本文化元素的核心基因可表述为"流传千古的传习录""'省察克治'的'知行合一'思想""'随物而格'的'致良知'思想"。

《传习录》核心文化基因评价依据

评价项目	评价因子	评价依据（特点）	是否
生命力评价	文化基因存续的时间	自出现起延续至今，未曾明显中断	√
		自出现起延续至今，但多次衰微、中断后复兴	
		曾明显衰败，改革开放后开始复兴或历史溯源关键环节缺失，难以考证	
		文化形态主体已灭失，现存部分痕迹	
	文化基因的稳定性	在发展过程中保持相当稳定的状态	√
		在发展过程中存在明显的精神内涵、表现形式剧变	
凝聚力评价	文化基因的凝聚力及社会动员效果	曾广泛凝聚起区域群体的力量，显著推动过社会经济文化的发展	√
		曾部分凝聚起区域群体力量，对社会经济文化的发展产生过影响	
		凝聚过力量，创造过实际的发展动能，但未见对社会经济文化发展产生显著改变	
		仅在历史文献或口耳相传中存在，未见实际介入社会经济发展	

评价项目	评价因子	评价依据（特点）	是否
影响力评价	辐射的范围	具有全国性、世界性的影响力	√
		具有长三角区域、浙江省影响力	
		具有市县、乡镇影响力	
	提炼的高度	已经被古代文人士大夫和当代学者提炼为精神符号和理念理论	√
		单纯的样式、造型、工艺技术规范	
发展力评价	与当代精神追求和价值观念的契合	传统文化基因得到创造性转化、创新性发展；区域革命文化基因被完整继承、广泛弘扬；区域社会主义先进文化基因成为与浙江"三个地"相适应的文化高地	√
		部分转化、部分弘扬、部分发展	
		难以转化、难以弘扬、难以发展	

说明：基因特点评价是对解码出来的基因，根据本《导则》表2的要求，围绕"四个力"逐一对表打"√"，进行定性表述

（一）生命力评价

《传习录》里，"格物"是"止于至善"的功夫，是"存天理"，"格物"无间于动静，"格物"即是"戒慎恐惧"的功夫，是身心之学，"格物"不可悬空用功，是有根本的学问，病时要"格物"，童子也能"格物"，"格物"不同于"集义""博约"。自王学"格物"思想横出，遭百般责难，但始终屹立，因其学说内可用于修养身心，外可用于经邦治国，非一般学术讨论，标新立异而已。这一点，王阳明通过提督南赣军务征横水、桶冈、三浰，巡抚江西平宁藩，总督两广平定思、田三件功勋已为后人明示其致良知的效验，足可堵天下悠悠之口。清初名儒黄宗羲在《明儒学案》中如此描述王朱异同："朱子之解《大学》也，先格致而后授之以诚意；王阳明之解《大

学》也，即格致为诚意。"又说"可谓震霆启寐，烈耀破迷，自孔、孟以来，未有若此之深切著明者也"，是王非朱之义明矣。其后崔述也反对朱子"经""传"分述，他说："玩通篇之文，首尾联属，先后呼应，文体亦无参差，其出一人之手明甚，恐不得分而二之也。"可见，王阳明的"格物"思想破立结合，有理有据且深入人心，影响深远。

（二）凝聚力评价

王守仁的"知行合一"说深化了道德意识的自觉性和实践性的关系，克服了朱熹提出的知先行后的弊病，同时也抹去了朱熹知行说中的知识论成分。王守仁的观点虽然有利于道德修养，但一定程度上忽略了客观知识的学习，这就造成了以后王学弟子任性废学的弊病，清初的思想家甚至把明亡的原因归于王学的弊端。

王阳明要人们树立一种信念，在刚开始意念活动时就依照善的原则去做，将不善和恶消灭在刚刚萌发的时候，这也叫"知行合一"。对"知行合一"应该全面理解，这样才能正确评价。另外王阳明的教育思想中还有许多值得学习借鉴的地方：第一，立志、勤学、改过、责善。"志不立，天下无可成之事。……志不立，如无舵之舟，无衔之马，漂荡奔逸，终亦何所底乎？""而且立志可以促使勤学"，"凡学之不勤，必其志之尚未笃也"。"改过"是指自己，"责善"是劝别人改过，这里面还包括了"谏师之道"，即向老师进谏，指出错误。第二是独立的治学精神和能力。第三是循序渐进与因材施教。第四是强调身体力行。这些教育思想对今天的青年人学习有很好的借鉴意义。

（三）影响力评价

《传习录》是一部语录体的哲学著作，其内容包括王阳明的讲学语录以及其与门人、朋友论学的书信，是阳明心学思想的集中体现。该书最早由王门弟子徐爱等纂辑并于正德十三年（1518）刊刻，嘉靖年间，其弟子南大吉、钱德洪等又多次补纂刊刻，至隆庆年间，《传习录》的文本基本定型。但此后，仍然一直被不断刊刻出版，甚至有书坊也加入到刊刻《传习录》的行列中，其阅读群体因此不断扩大。

明清时期，《传习录》的阅读者不仅有王学的信徒，亦有阳明心学的反对者。很多阳明后学都是青年时期通过阅读《传习录》而为王阳明的思想所折服，并因此成为王学信徒。他们中的很多人还记载了当时的阅读体验，从中可以看出阳明心学作为一种不同于程朱理学的新思想的震撼力。那些固守程朱理学的士人，虽然对阳明心学持批评鄙夷的态度，但他们中很多人往往也要通过阅读《传习录》来树立批判的靶子，因此他们也是《传习录》一个重要的阅读群体。另外，《传习录》的编纂者、校注者、序跋者也是该书一个特殊的阅读群体，他们的每一次编纂活动在一定程度上都意味着对《传习录》的再阐释。这三类阅读群体，不仅每个群体内都生成了一个交流和记忆的空间，而且不同阅读群体之间也有交流。所有这些都促进了阳明思想的传播乃至整个社会思潮的变迁。另外，虽然《传习录》的文本至隆庆年间就已基本固定，但读者并不是简单地、被动地接受文本信息，而是通过互相交流或者文字记录来分享各自的阅读体验，从而主动参与了意义的再生产过程，这也意味着阳明心学的不断重构、不断发展。阳明后学之所以分化成不同的学派并对晚明社会思潮产生了广泛而深刻的影响，就与阅读群体的不断扩大及其主动参与文本的再生产有关。

（四）发展力评价

《传习录》显现的不仅是思维的方法，更是实践的脉络。王阳明本人少年时代不断进行各方面的实践（游侠、辞章、儒释道研究），最终成就了大家之学。对世世代代的儒生而言，更多儒生所走过的人生旅途是以自我生存为出发点的。而王阳明少年立志所呈现的圣人之思，奠定了他一生实践的基础。他之所以能发展儒家理论，从更高的角度去认识人生的价值，杂糅儒释道文化，将其提升到儒家文化之中，最终又超越了儒释道文化，无疑是一种学术实践的突破。尽管《传习录》一度被朝廷看作是古怪邪说，但王阳明一生的聚徒讲学和刻书推广，终于使其心学成为集大成之作；学说传播的系统性和王阳明弟子的代代相传的延续性，让阳明文化自明代以来，成为滋养国人的精神力量。

三、核心基因保存

"流传千古的传习录""'省察克治'的'知行合一'思想""'随物而格'的'致良知'思想"作为传习录的核心基因,《论王阳明知行合一思想及其德育意蕴》《浅谈王阳明的教育观》等11篇文字资料保存于绍兴阳明文化基因解码调查组资料库。

《王文成公全书》

阳明心韵　绍兴阳明文化基因

《王文成公全书》

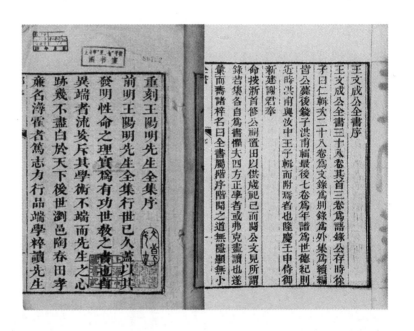

后世人们熟知王阳明，主要在于他是中国哲学史上的重要人物，为明代重要的哲学家。在中国哲学史上，如果把孔孟比成是两座高峰的话，那么孔孟之后，虽然出现了无数的哲学家，但大都不足以与孔孟相比，只有到了宋代的朱熹和明代的王阳明，才又形成了能与孔孟相比的两座高峰。

宋明理学主要有两派，一派是程朱理学，一派是陆王心学。王阳明直接继承和发展了陆九渊的"心学"，通过龙场悟道，"始知圣人之道，吾性自足，向之求理于事物者误也"（《王文成公全书·年谱一》），领悟孔孟之道即"圣人之学"，也就是心学，"圣人之学，心学也"（《王文成公全书·象山文集序》），从而重新审视程朱理学，创立了"心即理""知行合一"学说以及"致良知"的思想。

《王文成公全书》是王阳明的遗著，是他著述的汇编，由其弟子钱德洪等编次。全书共三十八卷，分为：《传习录》三卷、《文录》五卷、《别录》十卷、《外集》七卷、《续编》六卷、《年谱》五卷、《世德纪》二卷。

此书收入《传习录》三卷、后附《朱子晚年定论》，为徐爱辑、钱德洪删定；《文录》五卷，皆杂文，其中有《朱子晚年定论序》《修道说》《〈大学〉古本序》等篇；《别录》十卷，多为奏疏、公移；《外集》七卷，为诗与杂著（序、记、墓志铭等）；《续编》六卷，为《文录》续编，皆王阳明卒后，由钱德洪搜辑整理。后附《年谱》三卷、《年谱附录》二卷、《世德纪》一卷、《世德纪附录》一卷，《年谱》与《世德纪》皆钱德洪、

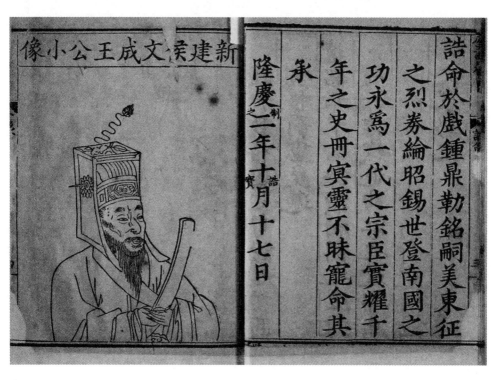

王畿所撰。书中所收，以《传习录》最为重要，乃王阳明学术思想代表作，各书本各自单行，隆庆六年（1572）谢廷杰巡按浙江时，合而刊之，仿《朱子全书》之例，称《王文成公全书》，当时重阳明学术，故有此举。阳明著作，大备于此。

《王文成公全书》不仅是王阳明的问答语录和论学书信集，更是一部儒家简明而有代表性的哲学著作。它不但全面阐述了王阳明的思想，也体现了他辩证的授课方法，以及生动活泼、善于打比方、常带机锋的语言艺术。

一、要素分解

（一）物质要素

《王文成公全书》共三十八卷，收入《传习录》三卷、后附《朱子晚年定论》，为徐爱辑、钱德洪删定；《文录》五卷，皆杂文，其中有《朱子晚年定论序》《修道说》《〈大学〉古本序》等篇目；《别录》十卷，多为奏疏、公移；《外集》七卷，为诗与杂著（序、记、墓志铭等）；《续编》六卷，为《文录》续编，皆王阳明卒后，钱德洪搜辑整理。后附《年谱》三卷、《年谱附录》二卷、《世德纪》一卷、《世德纪附录》一卷，《年谱》与《世德纪》皆钱德洪、王畿所撰。书中所收，以《传习录》最为重要。乃王阳明学术思想代表作，各书本各自单行，隆庆六年（1572）谢廷杰巡按浙江时，合而刊之，仿《朱子全书》之例，称《王文成公全书》，当时重阳明学术，故有此举。阳明著作，大备于此。明人施邦曜，辑有《阳明先生集要》，分《理学集》四卷、《经济集》七卷、《文章集》四卷，卷首置以《年谱》。崇祯八年（1635）叶绍颙编《阳明要书》八卷、附录五卷，清初王守仁五世孙贻乐编《王阳明集》十六卷，康熙二十八年（1689）张问达编《阳明文钞》二十卷，均列入《四库全书存目》。

（二）精神要素

1. 正心诚意的修身修心思想。王阳明认为正心诚意是修身的根本方法。阳明认为良知生而具足且明澈无染，后因私欲遮蔽而失其明澈，需致知以复其明。何以致知？阳明提出了内求和外扩两种功夫。内求要求正心诚意，方法是居敬涵养和省察克治，一方面要求存养心之纯然无染，另一方面须去除私欲杂染以复其心体之澄明，使"此心纯乎天理，而无一毫人欲之私"。王阳明强调既要对私欲杂念"扫除荡涤"，又要对外物"自然顺应"，他更强调和重视"外扩"，即"事上磨练"。他要求子侄和弟子在行动中时时、处处、事事以良知为准则，正心诚意、存理去欲、居敬存养、省察克治。他反对空谈和不切实的用功，要求弟子在事上着实用功，才能有所长进，否则只是"一场空话"。

阳明将内求和外扩的致知功夫切实用于治家。他虽常年在外平乱治贼，但多次写信给克彰太叔及弟子王龙溪和钱绪山，请他们教导子侄正宪、正亿辈克除恶念，剔除"傲""刻""陋""偏""过"等"气质之偏"，时时、事事、处处正心诚意、省察克己和为善去恶。阳明对"改过"和"为善"非常重视，在写给守俭、守文和守章三个弟弟的信中（记载在《王文成公全书》中）说："本心之明，皎如白日，无有有过而不自知者，但患不能改耳。一念改过，当时即得本心。人孰无过？改之为贵。"他以孔子能改过自省为例，规劝弟侄"改过不吝，可以无大过"。阳明希望通过去"气质之偏"和"改过为善"复其本心之澄明，正心诚意以克己修身。

2. 忠孝敬信的立德思想。孝、悌、忠、信、礼、义、廉、耻是儒家安身立命之"八德"，王阳明对此特别重视。他在岭南所写的家书中除了简述其带兵打仗的辛劳外，还着重讨论了对继子正宪的教育，希望克彰太叔教之以忠孝敬信和读书精进之道。在赣州写给四侄儿正思的信中（记载在《王文成公全书》中），阳明晓之以孝悌忠信之道，希望他能革除习染："吾非徒望尔辈但取青紫荣身肥家，如世俗所尚，以夸市井小儿。尔辈须以仁礼存心，以孝弟为本，以圣贤自期，务在光前裕后，斯可矣。"又曰："正宪读书，一切举业功名等事皆非所望，但惟教之以孝弟而已。"可见，阳明并非只关心正宪能否读书治学获取功名，而更重视其孝悌忠信的立德之方。

在修身立德教育中，王阳明非常重视"四益"说。由于王阳明常年在外，门人薛侃负责养子正宪的教育，王阳明写信告之曰："小儿劳诸公勤勤开诲，多感多感！昔人谓教小儿有四益……徒劳诸友往返，念之极切恳恳。今后但有至者，须诸君为我尽意吐露，纵彼不久留，亦无负其来可也。"阳明在信中重申重视孩子教育的"四益"说，即"益言、益事、益文、益友"。"四益"出自王应麟《小学绀珠·性理》："无益之言勿听，无益之事勿为，无益之文勿观，无益之友勿亲。"阳明强调"四益"，希望薛侃从言、行、举、止，视、听、言、动以及交友、处事等方面规范正宪的道德和行为。

3. 谦虚恭敬的为人思想。王阳明对谦逊恭敬的品德非常重视，认为谦逊恭敬不仅是为人之道，更是修身立德、待人接物、立身处世、安身立命的根本原则，认为人应戒骄戒傲、虚怀若谷、恭敬待人、谦逊处事。

王阳明有两段经典文字（记载在《王文成公全书》中）讨论戒骄戒傲，一段是写给养子正宪的，其文曰："今人病痛，大段只是傲。千罪百恶，皆从傲上来。傲则自高自是，不肯屈下人。故为子而傲，必不能孝；为弟而傲，必不能弟；为臣而傲，必不能忠。象之不仁，丹朱之不肖，皆只是一傲字，便结果了一生，做个极恶大罪的人，更无解救得处。汝曹为学，先要除此病根，方才有地步可进。"接着，阳明分析了傲的危害性，他以尧之长子丹朱、舜之弟弟象之不贤与不肖皆因傲起为例，认为傲是千罪百恶的根源，心存傲气则自高自是，则不孝不悌、不忠不仁、不贤不肖，最终碌碌无为，了却一生，甚至会成为罪大恶极之人。他劝诫正宪须去傲，唯如此，立志勤学才能有所进步，进德修业方能有所长进。接着，他又以"傲"之反义词"谦"诊治"傲"，劝诫正宪谦逊处世："谦字便是对症之药。非但是外貌卑逊，须是中心恭敬，撙节退让，常见自己不是，真能虚己受人。故为子而谦，斯能孝；为弟而谦，斯能弟；为臣而谦，斯能忠。"阳明给正宪分析了谦虚的益处，认为谦虚正是对治傲气的良药，谦虚不仅要求外在表现谦逊有礼，根本在于内心恭敬，还要常常反省和检讨自己的过失或不足，并能虚心接受他人的教诲，这才是谦虚的实质。他还认为，为人能谦则能成孝悌忠信礼义廉耻之德和温良恭俭让之质。阳明希望以此信勉励正宪修身立德、谦虚待人、立身处世。阳明另一段对"傲"和"谦"的经典论述见于他写给学生陈世杰的信中："傲，凶德也，不可长。足恭也者，有所为而为之者也。无所为而为之者，谓之谦。谦，德之柄，温温恭人，惟德之基。"人应向天地学习："地不谦不足以载万物，天不谦不足以覆万物，人不谦不足以受天下之益。"阳明在此处以尧、舜、禹、文王、孔子等圣人为例子，劝导陈世杰培养温良恭俭让的品质，希望他不自是、不自满、不自见、允公克让、温良恭人、厚德载物。傲气会带来灾难，千万不可滋生和助长，应足恭而谦逊，知有所为与有所不为，应效法天地之大德，谦逊足恭、心胸宽广。

4. 清静知止的处世思想。王阳明主张清静俭朴和知止能定的处世之道。他在写给克彰太叔的信中重申应加强清静俭朴、谦虚卑下之治家和处世之道（记载在《王文成公全书》中）："清静俭朴以自守，谦虚卑下以待人，尽其在我而已，此外无庸虑也。正宪辈狂稚，望以此意晓谕之。"王阳明清静俭朴的处世智慧是通过"知止"功夫实现的。《大学》有曰："知止而后有定，定而后能静，静而后能安，安而后能虑，虑而后能得。""止"是止于至善，人若能树立并坚定不移地追求至善的最高目标，其志便有定向而无所困惑，即"知止而后有定"；所向既定，心便自有个主张，不随便动摇并持之以恒，故"定而后能静"；心不乱动，自然随处皆安，外物动摇不得，故说"静而后能安"；心既安闲，遇事便能仔细思量，故"安而后能虑"；能处事精详，则事事停当，故"虑而后能得"；知止而后至于能得，可见欲止于至善者，必当先知其所止也。"知止"要求既要知所止又要有所不止，该行则行、该止则止、适时而止、适可而止，知所止则寡欲，寡欲则能静，静而后能定，定而后能安，安而后能虑，虑而后无失。因而，清静与知止是内在相连、互为补充的关系，共同构成王阳明的清静知止的处世智慧。

王阳明有出入佛老的经历，其清静知止的处世智慧深受道家影响，当然也与他在喧嚣的政治生活和处理政治社会事务的"事上磨练"中的曲折经历紧密相关。《道德经》第44章提出"知足不辱，知止不殆"，道家强调清静无为、道法自然、少私寡欲。

王阳明期望过清静自然的生活和践行清静知止的处世态度，因此他多次劝诫门生和子侄清静淡然处世，远离喧嚣的政治环境，即使进入仕途，也应持守"以道事君，则能不枉其道；不可则止，则能不辱其身"的原则。这体现了阳明的处世观和入仕观。

二、核心基因提取与评价

基于对材料的全面、深入分析，本文化元素的核心基因可表述为"正心诚意的修身修心思想""忠孝敬信的立德思想""谦虚恭敬的为人思想"。

《王文成公全书》核心文化基因评价依据

评价项目	评价因子	评价依据（特点）	是否
生命力评价	文化基因存续的时间	自出现起延续至今，未曾明显中断	√
		自出现起延续至今，但多次衰微、中断后复兴	
		曾明显衰败，改革开放后开始复兴或历史溯源关键环节缺失，难以考证	
		文化形态主体已灭失，现存部分痕迹	
	文化基因的稳定性	在发展过程中保持相当稳定的状态	√
		在发展过程中存在明显的精神内涵、表现形式剧变	
凝聚力评价	文化基因的凝聚力及社会动员效果	曾广泛凝聚起区域群体的力量，显著推动过社会经济文化的发展	√
		曾部分凝聚起区域群体力量，对社会经济文化的发展产生过影响	
		凝聚过力量，创造过实际的发展动能，但未见对社会经济文化发展产生显著改变	
		仅在历史文献或口耳相传中存在，未见实际介入社会经济发展	

续表

评价项目	评价因子	评价依据（特点）	是否
影响力评价	辐射的范围	具有全国性、世界性的影响力	√
		具有长三角区域、浙江省影响力	
		具有市县、乡镇影响力	
	提炼的高度	已经被古代文人士大夫和当代学者提炼为精神符号和理念理论	√
		单纯的样式、造型、工艺技术规范	
发展力评价	与当代精神追求和价值观念的契合	传统文化基因得到创造性转化、创新性发展；区域革命文化基因被完整继承、广泛弘扬；区域社会主义先进文化基因成为与浙江"三个地"相适应的文化高地	√
		部分转化、部分弘扬、部分发展	
		难以转化、难以弘扬、难以发展	

说明：基因特点评价是对解码出来的基因，根据本《导则》表2的要求，围绕"四个力"逐一对表打"√"，进行定性表述

（一）生命力评价

现代学术范式下对阳明思想的研究兴起于民国时代，较有影响力的有嵇文甫《左派王学》《晚明思想史论》，容肇祖《明代思想史》以及钱穆《阳明学述要》等。冯友兰《中国哲学史》、张岱年《中国哲学大纲》等通史通论都对阳明思想有所涉及。但当时的研究主要还着眼于研究路径的形成和研究材料的积累。

20世纪50年代到70年代末内地（大陆）的阳明思想研究受日丹诺夫"两军对垒"式哲学史研究模式的影响，多从阶级论出发。同一时期，港台地区在王阳明思想的研究上取得了一定成就。牟宗三《王阳明致良知教》《从陆象山到刘蕺山》，唐君毅《中国哲学原论·原教篇》，张君劢《论王阳明》《新

儒家思想史》，蔡仁厚《王阳明哲学》以及通史著作如劳思光《新编中国哲学史》等能够把王阳明哲学放在世界哲学的参照系中进行评价，并注意吸收西方哲学成果进行分析。此外，秦家懿《王阳明》对阳明思想基本结构和精神方向做了分析和把握，重视发掘阳明思想的宗教学价值。

20世纪80年代以后，王阳明研究突破了教条主义，出现了一大批研究成果。侯外庐、邱汉生、张岂之主编的《宋明理学史》，根据阳明思想的不同阶段进行了划分，从"心即理""知行合一""致良知"三个方面讨论阳明思想。蒙培元《理学的演变》《理学范畴系统》，张立文《宋明理学研究》都试图从阳明自我表述的范畴命题出发来阐释其内在涵义。在资料整理上，陈荣捷的《王阳明传习录详注集评》汇聚多家注解并加以考证评价，为深入研究阳明思想提供了一个较好的文本。20世纪90年代出版的陈来《有无之境——王阳明哲学的精神》、杨国荣《心学之思——王阳明哲学的阐释》融贯中西，成为王阳明研究的两个典范。

（二）凝聚力评价

王阳明在"致良知"理论的基础上形成了一套经世济民、治国平天下的治世之道。在其奏疏、公移、诗文和家书中满含对治国平天下的深深关切，正如蔡仁厚先生所说："他（王阳明）的奏疏文字没有一篇不说到民生疾苦，没有一篇不说到安定民生，这都是他关心民瘼'视民如伤'的真诚恻怛，而情不容已地发出的呼声。"阳明在治政安民的政事活动中关心民众疾苦、体察民情、关注民生、顺应民意、贴近民心，真正为民众解决实际问题，受到民众的爱戴。据《王文成公全书·年谱一》载，正德十二年十二月，阳明"至南康，百姓沿途顶香迎拜。所经州、县、隘、所，各立生祠。远乡之民，各肖像于祖堂，岁时尸祝"。

王阳明经世济民的治世精神在写给子侄及弟子的书信中有充分的体现。他要求子侄和弟子事事须"尽心"，在处理君臣、父子、夫妇、兄弟、朋友"五伦"关系时"尽心"，把事亲、交友、治民之理推及齐家、治国、平天下。阳明认为，只有时时、处处、事事尽心，再辅之以礼乐教化和纲纪政事的规约，才能实现家齐、国治和天下平，他说："吾之父子亲矣，而天下有未亲者焉，吾心未尽矣；吾之君臣义也，而天下有未义者焉，吾心未尽也；吾之夫妇别矣，长幼序矣，朋友信矣，而天下有未别、未序、未信者焉，吾心未尽也。故于是有纲纪政事之设焉，有礼乐教化之施焉，凡以裁成辅相、成己成物，而求尽吾心焉耳。心尽而家以齐，国以治，天下以平。"在实际的治政安民实践中，王阳明切实做到"尽心"，他虽身患重疾，但仍关心民间疾苦，在处理民生事务过程中，鞠躬尽瘁、死而后已，其内圣外王、经世济民、淑世救世的治世精神对加强青年的家国情怀和社会参与意识仍有启发意义。

（三）影响力评价

程朱理学在当时为官方正统哲学，属主流意识形态，但在当时已经教条化，王阳明的心学比程朱理学更简单易行，因而一出现就广泛流传，影响极广，最主要的是它打破了程朱理学一统天下的局面，打破了思想界的沉寂，探寻出了一条个性解放、独立思考的道路，抨击了坐而论道、不务实事、言行不一、口是心非的恶劣社会风气，从而把儒学研究推进到一个新的阶段，形成一种新的社会思潮，对中国后世哲学思想产生重大影响。尤其是他"满街人都是圣人"的主张，以心学为基础，认为人人本有成为圣人的良知，只要致自己的良知，就能成为圣人，解决了从孔子以来为历代大儒所困扰的成圣难问题，使得圣人不再高高在上，成为平常人只要努力也能实现的目标。因中国古代哲学多关注政治伦理问题，可称之为政治哲学、伦理学，在这一层意义上，王阳明可以说是在中国哲学史乃至中国历史上立了大德的人物。王阳明本人，一生也是按良知行事的高尚之人，临终前，当他的弟子问他还有什么遗言没有，他回答说："此心光明，亦复何言？"（《王文成公全书·年谱三》）。可能是王阳明在"立德""立功"方面太过突出，他在文学方面的成就不太被人们所注意，人们在写明代文学史时，也往往忽略王阳明。其实，王阳明在文学方面也是卓有成就的。《四库全书总目提要》里面就提道："守仁勋业气节，卓然见诸施行，而为文博大昌达，诗亦秀逸有致，不独事功可称，其文章自足传世也。"

《四库全书》是清代官修丛书，在编纂完每一部著作后，馆臣们都要写一提要，呈皇帝御览，主要论述本书的学术大旨，考辨著作源流，同时还说明作者的时代、爵里，论说本书的学术得失，辨订文字增减、篇章分合等。由于《四库全书》的主要负责人纪昀、戴震、邵晋涵、周永年等都是才学渊博的学者，再加上每本书的编修都是当时的知名学者，因而提要多能准确、精炼地对其书及作者做出说明，具有极高的学术价值，代表了当时的官方主流评价。一介文人，能得到《四库全书》编修者"不独事功可称，其文章自足传世"的评价，足以说明其在文学史上的重要地位。

（四）发展力评价

王阳明正心诚意、忠孝敬信、勤俭积善、立志勤学、谦虚恭敬、责善改过、清静知止、经世济民等治家思想对其子侄和门生皆产生了重要影响，对当今道德教育、家风重塑、青少年德育和价值观引领皆具有借鉴意义和参考价值。王阳明提供了丰富的修身立德方法，为事亲、交友、治民等具体事务提供了道德指引，为明辨善恶、是非、真假、邪正提供了判断标准。同时，王阳明也提倡在与人交往和接触时需反躬自省，见贤思齐见不贤而内省，躬自厚而薄责于人，对人对事谦逊礼让等。这些智慧对今人之安身立命、为人处世仍具重大意义，可为今人提供启示和借鉴。

三、核心基因保存

　　"正心诚意的修身修心思想""忠孝敬信的立德思想""谦虚恭敬的为人思想"作为《王文成公全书》的核心基因，《王阳明治家思想及其价值分析》《王阳明：德功不掩其文名》等4篇文字资料保存于绍兴阳明文化基因解码调查组资料库。

天泉证道

阳明心韵　绍兴阳明文化基因

天 泉 证 道

　　明嘉靖六年（1527）丁亥夏，王阳明出征前往广西的思恩、田州两地，平定当地少数民族的暴乱。在出征前夕，阳明应两位弟子钱德洪与王畿之请，在家乡的天泉桥上阐发了对自己晚年所提出的"四句教"——"无善无恶心之体，有善有恶意之动，知善知恶是良知，为善去恶是格物"的理解，并对两位弟子的疑难进行了相应的解答，史称"天泉证道"。"四句教"代表阳明晚年思想发展的圆熟境界，故在王学研究中具有极为重要的地位。

《王文成公全书·年谱三》中有一段冗长的师徒答问便是有名的"天泉证道"。概括起来可有四个要点：

"无善无恶心之体，有善有恶意之动，知善知恶是良知，为善去恶是格物"是王阳明的"四句教"。

王畿认为这"四句教"不是究竟话头，只是随处立教的"权法"，因为如果说心体是无善无恶的，则心体的发用也当是无善无恶的，由此提出心、意、知、物的"四无"之说。

钱德洪则认为"四句教"是师门不易之旨，心体虽无善恶，但被习俗所染，便觉有善恶在，所以必须为善去恶以恢复心的本体，即所谓"四有"。

王阳明在强调"四句教"的同时，折中钱、王二说，既肯定"四有"为中根人的渐修功夫，又首肯"四无"为上根人的本体透悟。"汝中须用德洪功夫，德洪须透汝中本体"，便能"物我内外，一齐尽透"，"中人上下无不接着"，类似的意思于钱德洪所编《传习录》下、王畿所著《天泉证道纪》中均有记述。

对"四句教"的争论主要围绕本体和功夫而展开。王畿提出"四句教"只是师门权法，因为如果心体是无善无恶的，那么根据体用不二的原则，心体的发用也应该是无善无恶的。因此"究竟话头""实法"应该是"心意知物"俱无善无恶的"四无说"，而根据"四无"，为学之法应是从心体入手，单刀直入：心体无善无恶，意念也就无善无恶，而为善去恶的格物功夫也可省免，因为无恶可去。显然王畿行的是顿悟顿修——这被王阳明视为上根人的路径。钱德洪则主张心体虽无善恶，但为习染所侵，已有善恶在，故要用为善去恶的功夫复其本体。无疑，钱德洪持的是渐悟渐修——这条路径，王阳明认可但不是最赏识。

"汝中须用德洪功夫，德洪须透汝中本体"，王阳明对二人进行了折中，认为王畿虽能了悟本体但欠缺悟后的渐修；钱德洪重功夫但尚未透悟良知的无滞之境，因此他冀望二高足相资为用，圆融本体和功夫。

"天泉证道"一事，史书可证的有《王文成公全书》、黄宗羲的《明儒学案》、董场编的《刘子全书》、钱德洪编的《传习录》和《讣告同门书》、王畿所著的《天泉证道记》和徐阶的《龙溪王先生传》及赵锦的《龙溪王先生墓志铭》等。在嘉庆《山阴县志拾另钞》记有："先生（王阳明）居越，讲座四设，皆传学也。亲亲门子，辄在府内，或论道，或宴饮，或赋诗，故有'天泉证道，一段佳话'。"

一、要素分解

（一）物质要素

历史悠久的天泉桥。经考古证实，位于越城区北海街道王阳明故居前的碧霞池，即是当年王阳明"天泉证道"之地。碧霞池俗称王衙池，以前池上有座桥，名叫天泉桥。

据史料记载，当年王阳明喜欢在碧霞池上的天泉桥思考问题。嘉靖六年（1527），王阳明离开绍兴去广西平乱前夕，他设宴请学生吃饭，饭毕，学生王畿和钱德洪拿先生的"四句教"——"无善无恶心之体，有善有恶意之动。知善知恶是良知，为善去恶是格物"，请教先生，师生三人走到阳明宅院的一座小桥之上讨论印证。这座小桥便是天泉桥。

（二）精神要素

1. 知行合一思想。四句教总结了王阳明的思想理论，并最终落在"知行合一"。王阳明的"知行合一"思想有两方面含义：一方面是知中有行，行中有知，二者不可分。王阳明认为"知行原是两个字说一个功夫"。道德教育方面，他认为圣人之学为身心之学，要领在于体悟实行，切不可把它当作纯知识，仅仅讲论于口耳之间，反对道德教育上的知行脱节及"知而不行"，知行是一回事，不能分为"两截"。道德认知离不开道德实践，道德实践也离不开道德认知，二者相互关联，相辅相成。另外以知为行，知决定行，知是行的前提。王阳明认为"知是行的主意，行是知的工夫。知是行之始，行是知之成"。道德是行为的指导思想，行为要在"致良知"的基础上，而不是为了目的而不择手段。

2. 致良知思想。王阳明在四句教中还包含了他的另一个著名思想——"致良知"。"良知"原本就是本体的实在状态，是最高意义的善，是超经验的和非经验的"未发之中"。阳明为何还要致"良知"？他在《传习录》中说："孩提之童，无不知爱其亲，无不知敬其兄，只是这个灵能不为私欲遮隔，充拓得尽，便完；完是他本体，便与天地合德。"从反面来看，孩提的良知不能全体显露，是由于私欲遮蔽了良知。虽然良知在本体论的角度对善恶具有绝对的判断，但是人毕竟生活在经验生活中，所做出的判断则带有经验色彩。在经验社会中，人必须和物之间建立关系，人对物的追求不断扩大，私欲也会无限扩张，对善恶的判断不能按照良知去判断，以至于所做的事情往往和良知背

道而行，良知被私欲蒙蔽了。所以作为主体自身，在日常生活中要努力克服心中私欲、自觉致极良知。而致极良知的有效途径则是主体自身能时时省察克己、常切提撕、戒慎恐惧，能够将伦理道德法则实现最高意义的输入，真正切入自身良知之中，最终使良知重新回归主宰，规范人心、约束行为、恢复光明，晶莹剔透、映照万物。"致良知"的意义仅由致极其良知是完全不能表达的，"致良知"的另一层基本意义是依良知而行，这是阳明更加强调的一方面。王阳明自己也认为，只有从依良知而行的层面上，才能和早期提出的"知行合一"联系起来。王阳明曾说："人孰无是良知乎？独有不能致之耳。……良知也者，是所谓'天下之大本'也。致是良知而行，则所谓'天下之达道'也。"这里"良知"为知，"致"有力行之义，"致良知"则体现了"知行合一"的精神。良知是内在的道德准则，致良知是依此准则进行道德实践。由此可见，阳明整体思想更加注重道德实践，为学的功夫就是按照先验的道德知识不断进行道德实践。所谓的道德实践就是致吾心之良知于

事事物物，事事物物各得其正，使耳、目、口、四肢皆符合良知准则，达到非礼勿视、非礼勿听、非礼勿言、非礼勿动，同时还要实实在在去做有道德的事，去做扬善去恶的事。人在现实生活中，表达真实的自我只能通过道德实践。德性流露是人内在性的真实表达，只有将德性和内在性完全统一，人的整个生命过程才是合乎自身本然状态的，合乎天道和人道的，才能真正实现人伦道德的理性化。

二、核心基因提取与评价

基于对材料的全面、深入分析，本文化元素的核心基因可表述为"知行合一思想""致良知思想"。

天泉证道核心文化基因评价依据

评价项目	评价因子	评价依据（特点）	是否
生命力评价	文化基因存续的时间	自出现起延续至今，未曾明显中断	√
		自出现起延续至今，但多次衰微、中断后复兴	
		曾明显衰败，改革开放后开始复兴或历史溯源关键环节缺失，难以考证	
		文化形态主体已灭失，现存部分痕迹	
	文化基因的稳定性	在发展过程中保持相当稳定的状态	√
		在发展过程中存在明显的精神内涵、表现形式剧变	
凝聚力评价	文化基因的凝聚力及社会动员效果	曾广泛凝聚起区域群体的力量，显著推动过社会经济文化的发展	√
		曾部分凝聚起区域群体力量，对社会经济文化的发展产生过影响	
		凝聚过力量，创造过实际的发展动能，但未见对社会经济文化发展产生显著改变	
		仅在历史文献或口耳相传中存在，未见实际介入社会经济发展	
影响力评价	辐射的范围	具有全国性、世界性的影响力	√

续表

评价项目	评价因子	评价依据（特点）	是否
影响力评价	辐射的范围	具有长三角区域、浙江省影响力	
		具有市县、乡镇影响力	
	提炼的高度	已经被古代文人士大夫和当代学者提炼为精神符号和理念理论	√
		单纯的样式、造型、工艺技术规范	
发展力评价	与当代精神追求和价值观念的契合	传统文化基因得到创造性转化、创新性发展；区域革命文化基因被完整继承、广泛弘扬；区域社会主义先进文化基因成为与浙江"三个地"相适应的文化高地	√
		部分转化、部分弘扬、部分发展	
		难以转化、难以弘扬、难以发展	
说明：基因特点评价是对解码出来的基因，根据本《导则》表2的要求，围绕"四个力"逐一对表打"√"，进行定性表述			

（一）生命力评价

《大学》有所谓"三纲领"和"八条目"。其中三纲领是："在明明德，在亲民，在止于至善。"王阳明将"大学"定义为"大人之学"。关于"明明德"，他写道："明明德者，立其天地万物一体之体也。"关于"亲民"，他写道："亲民者，达其天地万物一体之用也。故明明德必在于亲民，而亲民乃所以明其明德也。"关于"止于至善"，他写道："至善者，明德、亲民之极则也。天命之性，粹然至善，其灵昭不昧者，此其至善之发见，是乃明德之本体，而即所谓良知者也。"这里提出了他的著名思想——"致良知"。

王阳明将"三纲领"归结为"一纲领"——"明明德"。明德，不过就是人的本性。一切人，无论善恶，在根本上都有此心。此心相同，私欲并不能完全蒙蔽此心，在我们对事物做出直接的本能的反应时，此心就总是自己把自己显示出来。"见孺子之入井，而必有怵惕恻隐之心焉"，就是说明这一点的好例子。我们对事物的最初反应，使我们自然且自发地知道是为是，非为非。这种知，是我们本性的表现，王阳明称之为"良知"。我们需要做的一切，不过是遵从这种知的指示，毫不犹豫地前进。如果我们要寻找借口，不去立即遵行这些指示，那就是对于良知有所损益，因而也就丧失至善了。这种寻找借口的行为，就是由私意而生的小智。

王阳明认为人人有做圣人的潜能。人可能成为实际的圣人，只要遵从自己的良知指示而行。换句话说，人需要做的，是将自己的良知付诸实践，或者用王阳明的术语说，就是"致良知"。因此，"致良知"就成了王学的核心观念，王阳明在晚年就只讲这三个字。

这里所说的"良知"，既是道德意识，也指最高本体。王阳明认为，良知人人具有，个个自足，是一种不假外力的内在力量。"致良知"就是将良知推广扩充到事事物物。"致"本身即是兼知兼行的过程，因而也就是自觉之知与推致知行合一的过程，"致良知"也就是知行合一。"良知"是"知是知非"的"知"，"致"是在事上磨练，见诸客观实际。"致良知"即是在实际行动中实现良知，知行合一。

（二）凝聚力评价

"知行合一"思想有利于培育和践行社会主义核心价值观。习近平总书记在党的十九大报告中指出："要以培养担当民族复兴大任的时代新人为着眼点，强化教育引导、实践养成、制度保障，发挥社会主义核心价值观对国民教育、精神文明创建、精神文化产品创作生产传播的引领作用，把社会主义核心价值观融入社会发展各方面，转化为人们的情感认同和行为习惯。"①

社会主义核心价值观是我们党理论创新的重大成果，是我们党凝聚全党全社会价值共识做出的重要论断。

---

① 习近平：《决胜全面建成小康社会夺取新时代中国特色社会主义伟大胜利——在中国共产党第十九次全国代表大会上的报告》，《人民日报》2017年10月28日，第1版。

以"知"促"行"，要在社会主义核心价值观的指导下开展社会主义现代化建设，积极发挥社会主义核心价值观的引领作用。以"行"促"知"，社会主义核心价值观也要根据时代发展和社会主义现代化建设的变化而不断发展完善。

"知行合一"思想是中华优秀传统文化的传承与发展。"知行合一"思想强调了理论与实践的统一，体现了以人文精神教育人民，养成良好社会风尚的文德教化理念，对促进中华优秀传统文化的传承与发展具有积极的理论意义，对推进中华文化道德教育起到了积极作用。

（三）影响力评价

王守仁的"知行合一"说深化了道德意识的自觉性和实践性的关系，克服了朱熹提出的知先行后的弊病，但是同时也抹去了朱熹知行说中的认识论成分。王守仁的观点虽然有利于道德修养，但一定程度上忽略了客观知识的学习，这就造成了以后王学弟子任性废学的弊病，清初的思想家甚至把明亡的原因归于王学的弊端。

王阳明要人们树立一种信念，在刚开始意念活动时就依照善的原则去做，将不善和恶消灭在刚刚萌发的时候，这也叫"知行合一"。所以，对"知行合一"应该全面理解，这样才能正确评价。另外，王阳明的教育思想中还有许多值得学习借鉴的地方：第一，立志、勤学、改过、责善。"志不立，天下无可成之事……志不立，如无舵之舟，无衔之马，漂荡奔逸，终亦何所底乎？""而且立志可以促使勤学"，"凡学之不勤，必其志之尚未笃也"。"改过"是指自己，"责善"是劝别人改过，这里面还包括了"谏师之道"，即向老师进谏，指出错误。第二是独立的治学精神和能力。第三是循序渐进与因材施教。第四是强调身体力行。这些教育思想对今天青年人的学习有很好的借鉴意义。

（四）发展力评价

"知行合一"思想提供了认识世界的科学方法。从马克思主义哲学上看，"知行合一"的思想观念与辩证唯物主义认识论思想内涵相一致。辩证唯物主义认识论把实践的观点引入了认识论，一方面提出实践在认识活动中有决定作用，具体体现在实践是认识的基础、认识的来源、认识发展的动力、认识的目的和检验认识真理性的唯一标准。另一方面提出，在认识和实践的关系上，认识来自实践，又转过来指导实践，为实践服务。"知"是主体对客体在观念上的把握，属于认识的范畴，"行"是主体对客体的物质活动，属于实践的范畴。辩证唯物主义认识论把辩证法应用于认识论，把认识看成一个由浅入深的充满矛盾的能动的认识过程。"知行合一"就是"知"与"行"的相互融合、转化和促进的过程，理论上的道德认识需要通过道德实践才能进一步深化，道德实践需要在道德认识的指导下实现。"知行合一"思想提供了科学务实的思维方法。"知行合一"思想强调"知是行之始，行是知之成"，这体现了要发挥科学理论对实践的指导作用。实现"知行合一"是一个过程，要求与时俱进、开拓创新，在实践中认识和发现真理。

三、核心基因保存

　　"知行合一思想""致良知思想"作为天泉证道的核心基因，《"天泉证道"考实》《〈天泉证道纪〉之史料价值》等10篇文字资料保存于绍兴阳明文化基因解码调查组资料库。

《客座私祝帖》

阳明心韵 绍兴阳明文化基因

《客座私祝帖》

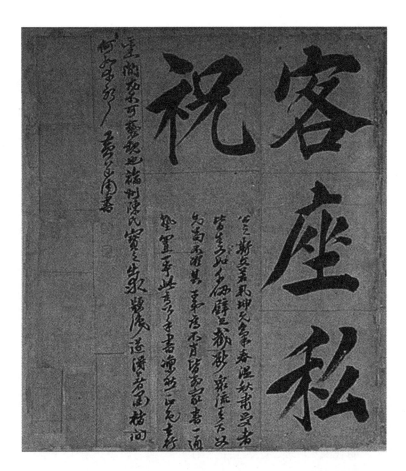

　　王阳明不仅是明代著名的思想家、文学家、哲学家和军事家，而且在书法艺术上也卓有成就。他文治武功，勋业卓著，

堪称一代名臣，最突出的成就是创立了以"致良知"为核心的"心学"思想体系。清代著名学者王士祯说："王文成公为明第一流人物，立德、立功、立言皆踞绝顶。"他是陆王心学之集大成者，精通儒家、道家、佛家，与孔子（儒学创始人）、孟子（儒学集大成者）、朱熹（理学集大成者）并称为孔、孟、朱、王。

王阳明自小就接受良好的家庭教育，书法始学颜柳，行笔沉着稳健，结体端庄秀劲。王阳明以其首创的"心学"思想体系著名于世，他的"知行合一"思想及强调"事上磨练"的修养功夫，对他的书法艺术产生了极大的作用。这体现在书法创作上，表现为师古而不泥于古，挥洒自如，随心所欲。他的学识、人品在他的字里行间得到了极大的体现，正所谓"字如其人也"。明代大书家徐渭曾云："古人论右军以书掩其人，新建先生乃不然，以人掩其书。今睹兹墨迹，非不翩翩然凤翥而龙蟠也，使其人少亚于书，则书且传矣。"

明代又一书家朱长春评王阳明书曰："法度不尽师古，而遒迈冲逸，韵气超然尘表，如宿世仙人，生具灵气，

故其韵高冥合，非假学也。"而明清之际著名学者归庄亦道："阳明先生一代儒宗，而亦工于书法如此，岂非以艺即道耶？余学道无成而缪以能书名，既耻为一艺之士，其敢不勉！"《佩文斋书画谱》引《绍兴志》对王阳明书法的评价："新建善行书，出自《圣教序》，得右军骨，第波竖微不脱张南安、李文正法耳，然清劲绝伦。"从此家书看，王阳明的楷书确实秀逸挺拔，笔意清新，随意为之，却无轻浮之感，似有一股仙气行乎字里行间。他的家书在章法上，用笔和谐统一，自然天成，无造作之嫌，显得雅静洒脱，从容平和。他的《客座私祝帖》风骨峻迈，端庄高雅，行笔有神融气贯之感，体现了他庄严、朴实的性格及高洁、脱俗的情操。王阳明先生对书法也有其独特的见解，他曾说："吾始学书，对模古帖，止得字形。后举笔不轻落纸，凝思静虑，拟形于心，久之始通其法。既后读明道先生曰：'吾作字甚敬，非是要字好，只此是学。'既非要字好，又何学也？乃知古人随时事只在心上学，此心精明，字好亦在其中矣。"因此，王阳明把学书也归之于"心有灵明"。

王阳明的学说思想是明代影响最大的哲学思想。其学术思想甚至传至日本、朝鲜半岛以及东南亚。其弟子极众，世称姚江学派。其文章博大昌达，行墨间有俊爽之气。王阳明擅长行草书，他的书法作品传世不多，楷书更是少见，《客座私祝帖》是少见的王阳明的楷书作品，沉着刚劲，端庄高雅，字如其人。

嘉靖六年（1527）八月，王阳明奉命入两广，临行之际，将书院的教育重任交予门人钱德洪和王畿暂理；并特意撰写了《客座私祝》，告诫自己的学生要在德业言行上不断进取求精。《客座私祝》，纸质，纵44厘米、横36厘米，共22张，其中两张为跋，封面和封底以缂丝加框制成，缂丝纵41.2厘米、横34厘米。

《客座私祝》全文如下：

但愿温恭直谅之友来此讲学论道，示以孝友谦和之行。德业相劝，过失相规，以教训我子弟，使毋陷于非僻。不愿狂憃堕慢之徒来此博弈饮酒，长傲饰非，导以骄奢淫荡之事，诱以贪财黩货之谋，冥顽无耻，扇惑鼓动，以益我子弟之不肖。呜呼！由前之说，是谓良士；由后之说，是谓凶人。我子弟苟远良士而近凶人，是谓逆子，戒之戒之！嘉靖丁亥八月，将有两广之行，书此以戒我子弟，并以告夫士友之辱临于斯者，请一览教之。王守仁书。

钤印白文"王守仁印"，朱文"王伯安"印。封面题签"明王文成公客座私祝／傲俫山民得于泰安／癸卯六月题签"。

首页有明代黄道周题跋："公之斯文若乾坤元气，春温秋肃受者皆生，又如千仞壁立，截断众流。天下父兄，苟不顾其子弟为不肖，皆当家书一通，塾置一本。此为公手书，凛然正色，在行墨间尤不可亵观也。福州陈氏宝之，出求题识，遂得著墨楮间，何如幸耶！黄道周书。"钤"道""周"印。

尚有三人题跋："王文成公为有明一代伟人，其学问政事无一不令人钦服。即此私祝数言已足为后世家法。

多近正人，多闻正言，天下固无不佳子弟也。其书法独往独来，劲气直达宏毅，端凝之，度已溢于楮墨之外，更得黄石斋先生跋语，可谓双美璧合。每一展阅，不觉肃然起敬。宣统二年四月四日傲倈山民赵尔萃敬跋。"后印"赵尔萃印""傲倈山民"。"光绪庚辛间，曾于豫中吴仲怡许见此帖，当时是横幅。不审何人何时剪装成册也。庚申之冬，翼青总揆得之于赵氏，因获重观，俯仰之间，三十年矣。琅玡后学王景禧敬识。"钤"王景禧印""吴鲁榜第二甲进士"印。"佐尧自幼服贾，知识浅陋，惟于先民文化遗产、吉羽流光必恭敬之。今春乡先进辈创建梨洲文献馆于龙山之阳，汇罗历史文物古籍，可兴可观。余以无似愧乏贡献而心向往之。今秋，长儿忠信以清华大学肆业生被选送苏联莫斯科动力大学更资深造，行有日矣。余去京话别，顺道过访津友张静榕君。君固津门收藏家，有声于时。承将新近收得之王阳明先生《客座私祝》手迹见视。余拜读之下，肃然动念故乡名山藏之选。因商张君惠予割爱，当荷慨诺，并承接踵到沪，怀宝见赠。余即以所藏王翚画报之。此行可谓不虚矣。今将阳明先生手泽献送梨洲文献馆，公诸大众瞻仰而永宝之，幸甚。余姚洪佐尧谨识　一九五四年十二月于沪上。"

从题跋内容看，此件手迹曾流传到福建、河南、山东、天津等地。清光绪年间还是横幅，到清宣统时已改装成册，最后由洪佐尧于1954年从天津张静榕处得之，然后捐献给余姚梨洲文献馆。《客座私祝帖》书迹流传多种，有木屏、石刻，多为后期临仿品。

一、要素分解

（一）精神要素

1.勤于实践、敢于创新的精神。王阳明一生习书甚勤，特别是在《圣教序》《十七帖》等二王法帖上用功最深，行草造诣极高。在继承传统的基础上，他大胆地将心学融入书法，极大地丰富了中国的书法理论。他说："吾始学书，对模古帖，止得字形。后举笔不轻落纸，凝思静虑，拟形于心，久之始通其法。既后读明道先生曰：'吾作字甚敬，非是要字好，只此是学。'既非要字好，又何学也？乃知古人随时事只在心上学，此心精明，字好亦在其中矣。"后阳明与学者论格物多举此为证。因此，王阳明把学书也归之于"心有灵明"。

2.庄严、朴实的性格。《明史》中写道："王守仁始以直节著。比任疆事，提弱卒，从诸书生扫积年逋寇，平定薛藩。终明之世，文臣用兵制胜，未有如守仁者也。"明隆庆皇帝穆宗朱载垕："两间正气，一代伟人，具拨乱反正之才，展救世安民之略，功高不赏，朕甚悯焉。因念勋贤，重申盟誓。"

3.高洁、脱俗的情操。明代书法，崇尚帖学，往往为行草。卓越者能上追晋唐，尤擅简牍之美，几越唐宋。早期声名最著者，当推三宋（宋克、宋璲、宋广）和二沈（沈度、沈粲）。至中期祝允明、文徵明、王宠等吴门名家出现，以高超的书艺独领风骚，独步一时，影响甚远。同期还有一批名儒学士，视书法为余技，也无意以书法名家，皆以道德文章、忠义理学著称于世，而其书法又时常流露出本人的气质与学养，在书艺造诣上有鲜明的个性。王阳明就是其中一位杰出的代表。

王阳明的书法在当时已为有识者所称誉，明中后期著名书画家徐渭论阳明书云："古人论右军以书掩其人，新建（阳明）先生乃不然，以人掩其书。今睹兹墨迹，非不翩翩然凤翥而龙蟠也，使其人少亚于书，则书且传矣。"直白地说出了王阳明书法的非同一般，恰恰是由于其各方面的学识修养和崇高的人品威望掩盖了他的书名的道理。明清之际著名学者归庄，对王阳明的书法更为倾倒，他说："阳明先生一代儒宗，而亦工于书法如此，岂非以艺即道耶？余学道无成而缪以能书名，既耻为一艺之士，其敢不勉！"可见当时对阳明书艺的仰慕之情。

王阳明早年也注重临帖学习，上追晋唐，师法二王。后来通过认识感悟，他在创作时挥洒自如，随心所欲，从古法而不为古法所囿，在风神、气质上达到了高远的境界。

4.师古而不泥于古的治学理念。王阳明强调"事上磨练""知行合一"，使得阳明学具有很强的实践性。阳明学提倡反省，主张提升自我人格，接地气，易懂易接受，在民间获得了广泛的实践。中山大学陈畅教授、清华大学高海波副教授谈到了王阳明"万物一体"观念对梁漱溟的影响，认为梁漱溟在乡村建设、生命教育等方面的实践活动受到阳明学的启发。他的"知行合一"思想及强调"事上磨练"的修养功夫，对他的书法艺术也产生极大的作用，体现在书法创作上，表现为师古而不泥于古，挥洒自如，随心所欲。

（二）语言与象征符号

沉着刚劲、端庄高雅的笔风。王阳明自小就接受良好的家庭教育，书法始学颜柳，行笔沉着稳健，结体端庄秀劲。王阳明以其首创的"心学"思想体系著名于世，他的"知行合一"思想及强调"事上磨练"的修养功夫，对他的书法艺术产生极大的作用，体现在书法创作上，表现为师古而不泥于古，挥洒自如，随心所欲。他的学识、人品在他的字里行间得到了极大的体现，正所谓"字如其人也"。明代大书家徐渭曾云："古人论右军以书掩其人，新建先生乃不然，以人掩其书。今睹兹墨迹，非不翩翩然凤翥而龙蟠也，使其人少亚于书，则书且传矣。"

以艺即道耶？余学道无成而缪以能书名，既耻为一艺之士，其敢不勉！"《佩文斋书画谱》引《绍兴志》对王阳明书法的评价："新建善行书，出自《圣教序》，得右军骨，第波竖微不脱张南安、李文正法耳，然清劲绝伦。"

明代书家朱长春评王阳明书曰："法度不尽师古，而遒迈冲逸，韵气超然尘表，如宿世仙人，生具灵气，故其韵高冥合，非假学也。"而明清之际著名学者归庄亦道："阳明先生一代儒宗，而亦工于书法如此，岂非

从此家书看，王阳明的楷书确实秀逸挺拔，笔意清新，随意为之，却无轻浮之感，似有一股仙气行乎字里行间。他的家书在章法上，用笔和谐统一，自然天成，无造作之嫌，显得雅静洒脱，从容平和。

二、核心基因提取与评价

基于对材料的全面、深入分析，本文化元素的核心基因可表述为"沉着刚劲，端庄高雅的笔风""勤于实践、敢于创新的精神""庄严、朴实的性格""师古而不泥于古的治学理念"。

《客座私祝帖》核心文化基因评价依据

评价项目	评价因子	评价依据（特点）	是·否
生命力评价	文化基因存续的时间	自出现起延续至今，未曾明显中断	√
		自出现起延续至今，但多次衰微、中断后复兴	
		曾明显衰败，改革开放后开始复兴或历史溯源关键环节缺失，难以考证	
		文化形态主体已灭失，现存部分痕迹	
	文化基因的稳定性	在发展过程中保持相当稳定的状态	√
		在发展过程中存在明显的精神内涵、表现形式剧变	
凝聚力评价	文化基因的凝聚力及社会动员效果	曾广泛凝聚起区域群体的力量，显著推动过社会经济文化的发展	√
		曾部分凝聚起区域群体力量，对社会经济文化的发展产生过影响	
		凝聚过力量，创造过实际的发展动能，但未见对社会经济文化发展产生显著改变	
		仅在历史文献或口耳相传中存在，未见实际介入社会经济发展	

续表

评价项目	评价因子	评价依据（特点）	是否
影响力评价	辐射的范围	具有全国性、世界性的影响力	√
		具有长三角区域、浙江省影响力	
		具有市县、乡镇影响力	
	提炼的高度	已经被古代文人士大夫和当代学者提炼为精神符号和理念理论	√
		单纯的样式、造型、工艺技术规范	
发展力评价	与当代精神追求和价值观念的契合	传统文化基因得到创造性转化、创新性发展；区域革命文化基因被完整继承、广泛弘扬；区域社会主义先进文化基因成为与浙江"三个地"相适应的文化高地	√
		部分转化、部分弘扬、部分发展	
		难以转化、难以弘扬、难以发展	

说明：基因特点评价是对解码出来的基因，根据本《导则》表2的要求，围绕"四个力"逐一对表打"√"，进行定性表述

（一）生命力评价

当年王守仁所书的《客座私祝》墨迹，后来离开了阳明书院，流传于绍兴，数十年后为刘宗周所得。刘宗周（1578—1645）是明末理学家，字起东，山阴（今浙江绍兴）人，官至南京左都御史。曾讲学蕺山，又建证人书院，提倡"诚敬""慎独"之学。刘宗周得到《客座私祝》墨迹后，在上面题跋云："山川毓秀，挺生斯文，居仁由义，万古高风。山阴刘宗周。"刘宗周之后，《客座私祝》墨迹又被福州陈氏所得。

陈氏以后，此墨迹传至清代，为瑛棨所得。瑛棨，号兰坡居士，原姓郑，名瑛桂，汉军正白旗人，荫生。道光、咸丰年间由内务府笔帖式累擢长芦盐运使、河南布政使。历任河南巡抚、陕西按察使、陕西巡抚。同治二年（1863）被革职，光绪

二年（1876）起任山西按察使。瑛棨擅丹青，又喜收藏，连与友人往来的书信也尽心装裱收藏。瑛棨也是王守仁思想和书法艺术的热心传播者，曾两次将《客座私祝》墨迹借给骆汝舟、任信成临摹刻石。

（二）凝聚力评价

王守仁不仅是哲学家，而且在诗词歌赋、书法方面亦有颇深的造诣。他是东晋王羲之的三十世孙，以一身兼"三不朽"闻名，然其书法却鲜少为人提及。难怪明代文学家、书画家徐渭叹曰："古人论右军以书掩其人，新建先生（王阳明）乃不然，以人掩其书。今睹兹墨迹，非不翩翩然凤翥而龙蟠也，使其人少亚于书，则书且传矣。"概括起来说，《客座私祝帖》是为嘱托外来讲学的学者以正道教训浙中子弟，勿以劣行诱惑，并告诫浙中子弟不要成为"远良士而近凶人"的"逆子"。王守仁此作品不仅内容寓意深刻，而且书法精美，是一件难得的艺术珍品。

（三）影响力评价

首页有明代黄道周题跋："公之斯文若乾坤元气，春温秋肃受者皆生，又如千仞壁立，截断众流。天下父兄，苟不顾其子弟为不肖，皆当家书一通，塾置一本。此为公手书，凛然正色，在行墨间尤不可亵观也。福州陈氏宝之，出求题识，遂得著墨楮间，何如幸耶！黄道周书。"钤"道""周"印。

尚有三人题跋："王文成公为有明一代伟人，其学问政事无一不令人钦服。即此私祝数言已足为后世家法。多近正人，多闻正言，天下固无不佳子弟也。其书法独往独来，劲气直达宏毅，端凝之，度已溢于楮墨之外，更得黄石斋先生跋语，可谓双美璧合。每一展阅，不觉肃然起敬。宣统二年四月四日傲俫山民赵尔萃敬跋。"后印"赵尔萃印""傲俫山民"。"光绪庚辛间，曾于豫中吴仲饴许见此帖，当时是横幅。不审何人何时剪装成册也。庚申之冬，翼青总揆得之于赵氏，因获重观，俯仰之间，三十年矣。琅玡后学王景禧敬识。"钤"王景禧印""吴鲁榜第二甲进士"印。"佐尧自幼服贾，知识浅陋，惟于先民文化遗产、吉羽流光必恭敬之。今春乡先进辈创建梨洲文献馆于龙山之阳，汇罗历史文物古籍，可兴可观。余以无似愧乏贡献而心向往之。今秋，长儿忠信以清华大学肄业生被选送苏联莫斯科动力大学更资深造，行有日矣。余去京话别，顺道过访津友张静榕君。君固津门收藏家，有声于时。承将新近收得之王阳明先生《客座私祝》手迹见视。余拜读之下，肃然动念故乡名山藏之选。因商张君惠予割爱，当荷慨诺，并承接踵到沪，怀宝见赠。余即以所藏王翚画报之。此行可谓不虚矣。今将阳明先生手泽献送梨洲文献馆，公诸大众瞻仰而永宝之，幸甚。余姚洪佐尧谨识，一九五四年十二月

于沪上。"

（四）发展力评价

《客座私祝帖》刻石有三处：一处在北京，是骆汝舟将《客座私祝帖》墨迹摹刻于石的。此刻石的时间最早，原在北京，后来不知下落。第二处在保定，是任信成将《客座私祝帖》墨迹摹刻于石的，即现存于莲池博物馆内的6通《客座私祝帖》刻石。第三处位于重庆云阳桓侯（张飞）庙内，该石碑刻于清光绪二十八年（1902），现保存完好。

三、核心基因保存

　　"沉着刚劲，端庄高雅的笔风""勤于实践、敢于创新的精神""庄严、朴实的性格""师古而不泥于古的治学理念"作为《客座私祝帖》的核心基因，《保定古莲花池的〈客座私祝〉帖刻石》《客座私祝册页》等4项文字资料以及《客座私祝》实物材料保存于绍兴阳明文化基因解码调查组资料库。

阳明洞天

阳明心韵　绍兴阳明文化基因

阳明洞天

　　"阳明洞天"是大禹传说与会稽山（宛委山）结合后逐渐道教化的产物。原来作为大禹为治水而得书藏书处的"禹穴"，经过道教化的洗礼，变为大禹得藏长生药方《灵宝五符天文》之处而曰"阳明洞天"。这就造成后世对大禹所得和所藏之书有"治水之书"和"长生药方"两种理解并存。"阳明"一词的来历，与阴阳五行说、《太上灵宝五符序》之《灵宝五帝官将号》中的"赤帝"有关，"赤帝"为南帝，以火气胜，故其色尚赤，故有"阳明"一说。又禹穴在宛委山之南属阳，或也会导致"阳明"一词的出现。

对于"阳明洞天"的具体位置，明万历《绍兴府志》卷六"山川志三"道："会稽阳明洞在宛委山，洞是一巨石，中有鳝，长缅，龙瑞宫旁。《旧经》道家之第十一洞天也，一名极玄太元之天……石名飞来石，上有唐宋名贤题名。洞或称禹穴。"

阳明洞天、禹穴与飞来石均在同一位置上，阳明洞天即是飞来石。如今，宛委山南麓的飞来石依然存在，其高4米、宽8.8米，形状突兀，其势欲倾。飞来石形状不规则，中有掌宽裂缝，南侧内收如削。

阳明洞天距城区一十五里，为一东西向的谷地，东面为谷口，其余三面环山。谷身狭长，氛围幽深清静，山径盘回，溪涧迂曲。其中的核心，是集阳明洞天、禹穴于一身的飞来石。围绕飞来石，阳明洞天谷地举行过各种道教活动。

宋《嘉泰会稽志》卷第十一记："葛仙翁井，在县东南禹穴侧。宋之问诗云：'著书惟太史，炼药有仙翁。'华安仁《考古》云：'葛稚川炼丹于宛委山下，有遗井大如盆盂，其深尺许，清泉湛然。'"葛仙翁即葛洪之从祖父、东汉道教天师葛玄。据笔者勘查，目前宛委山飞来石下，尚有一井遗存，大小与《嘉泰会稽志》所记类似。这说明东汉时期，宛委山麓已有道教的活动。

据清杜春生编录的《越中金石记》统计，宛委山飞来石上的摩崖石刻共有26处，唐代、五代、元代各有1处，宋代则有23处（其中北宋20处，南宋3处），反映了阳明洞天中道教活动的兴盛和丰富。

叶法善、元稹、钱镠等曾经都在阳明洞天举行过投龙简活动，均是在阳明洞天谷口的射的潭举行的。射的潭因其北有射的山而得名。射的山则因仙人射的而来，《嘉泰会稽志》卷第九曰："射的山在县南一十五里。《旧经》云：'山西石室，乃仙人射堂也。'东峰上有射的，遥望山壁，有白点如射侯，土人常以占谷贵贱，语曰：'射的白，米斛百。射的玄，米斛千。'其石室深可二丈，遥望类师子口，俗谓之师子岩。"射的潭东即是若耶溪，民间传说仙人射的能占卜丰歉，因此，若耶溪上有望仙桥，至今尚存。因此，射的潭一带，构成了阳明洞天的第二个核心区域。射的潭还见证了许多的投龙简活动。

《王文成公全书·年谱一》"弘治十五年"条记："……遂告病归越，筑室阳明洞中，行导引术。久之，遂先知。一日坐洞中，友人王思舆等四人来访，方出五云门，先生即命仆迎之，且历语其来迹。仆遇诸途，与语良合。众惊异，以为得道。"《王文成公全书·年谱一》还称："先生尝筑阳明洞，洞距越城东南二十里，学者咸称阳明先生云。"因此，阳明洞对于王阳明具有重要意义。

一、要素分解

（一）物质要素

历史悠久的阳明洞天。阳明洞天是大禹传说道教化的产物，由禹得藏金简玉字之书处——禹穴转化而来。唐贺知章将"阳明洞天""禹穴"与禹得藏书的会稽山一盘石（飞来石）结合了起来，认为"阳明洞天"和"禹穴"在飞来石之下。道教洞天并非现实山洞的翻版，而是神仙居住的世界，世俗世界的生灵要发现洞天的存在，需要某种极特殊的机缘。飞来石就是沟通两个世界的一种媒介。阳明洞天是以集阳明洞天、禹穴于一身的飞来石为核心的一处谷地，围绕着有 26 处摩崖石刻的飞来石，东汉道教天师葛玄留有葛仙翁井，南朝宋孔灵产在飞来石旁建道馆，至唐朝改为龙瑞宫。元稹和白居易在此诗歌唱和，五代钱镠在此举行过投龙简仪式，王阳明则曾在此筑室养生、读书、讲学。

（二）精神要素

1.超然出世、无相无想的精神思想。弘治十五年（1502），王阳明 30 岁。由于劳累，肺部老毛病复发，他向朝廷上书，乞求归乡养病。获得批准后，他回到家乡绍兴，筑室于会稽山之阳明洞，把道家"阳明洞天"的"阳明"两字作为自己的号，自称"古越阳明子"。外人从此称王守仁为"阳明先生"。

据说，王阳明在草堂中修习神仙引导术一个月后，感觉阳神已经能够自由出入身体，而且还能预知未来。有一天，他对身边的书童说："有四位相公来此相访，汝可往五云门迎之。"

书童来到五云门静候，果见王文辕、许璋等四人前来拜访。此四人都是王阳明的好友，书童将受王阳明差遣特意前来相迎一事告知四人。四人都感到诧异，见到王阳明之后，问他："子何以预知吾等之至？"王阳明笑着说："只是心清。"

后来经常有人前来拜访王阳明，向他请教吉凶祸福。不可思议的是，王阳明大多都能说中。众人都夸赞他，以为是得道的缘故，但王阳明却说："此播弄精神，非正觉也。"随后绝口不言，不再为他人预知未来。王阳明追求宁静，希望脱离尘网，弃绝杂念，渴望超然出世隐遁。

王阳明追求心灵的平静，希望自己也能达到《庄子》中的"坐忘"以及佛教中的"无相无想"的境界，超越世间的一切羁绊。但王阳明的心中还有一份无论如何都挥之不去的牵挂。特别是归越修养后，祖母、父亲对他的关爱，使他无法放下。在绍兴静养一段时间之后，王阳明突然觉悟到："此念生于孩提。此念可去，是断灭种姓矣。"

2. 正心诚意、不畏艰苦的精神思想。康熙《会稽县志》载："（阳明）洞是一巨石，中有鑱，在会稽山龙瑞宫旁。《旧经》三十六洞天之第十一洞天也。《龟山白玉上经》：'会稽山周回三百五十里，名阳明洞天，皆仙圣天人都会之所。'据此，则阳明洞天不止龙瑞宫之一石矣。……其后王文成守仁为刑部主事时，以告归结庐洞侧，默坐三年，了悟心性，今故址犹存。其谪居龙场也，尝名其东洞曰小阳明洞天，以寄思云。"王阳明在阳明洞天中默坐三年，其间生活条件艰苦，但他仍然坚持下来，并成功悟出自己的道法，从中可以看出他正心诚意、不畏艰苦的精神思想。

（三）制度要素

以讲学为主的活动方式。在六年的居越生活中，讲学是阳明的主要活动方式。《传习录》记述过阳明当年讲学的盛况：

"先生初归越时，朋友踪迹尚寥

落，既后，四方来游者日进。癸未年已后，环先生而居者比屋，如天妃、光相诸刹，每当一室，常合食者数十人；夜无卧处，更相就席；歌声彻昏旦。南镇、禹穴、阳明洞诸山，远近寺刹，徙足所到，无非同志游寓所在。"

二、核心基因提取与评价

基于对材料的全面、深入分析，本文化元素的核心基因可表述为"历史悠久的阳明洞天""超然出世、无相无想的精神思想""正心诚意、不畏艰苦的精神思想"。

阳明洞天核心文化基因评价依据

评价项目	评价因子	评价依据（特点）	是否
生命力评价	文化基因存续的时间	自出现起延续至今，未曾明显中断	√
		自出现起延续至今，但多次衰微、中断后复兴	
		曾明显衰败，改革开放后开始复兴或历史溯源关键环节缺失，难以考证	
		文化形态主体已灭失，现存部分痕迹	
	文化基因的稳定性	在发展过程中保持相当稳定的状态	√
		在发展过程中存在明显的精神内涵、表现形式剧变	
凝聚力评价	文化基因的凝聚力及社会动员效果	曾广泛凝聚起区域群体的力量，显著推动过社会经济文化的发展	√
		曾部分凝聚起区域群体力量，对社会经济文化的发展产生过影响	
		凝聚过力量，创造过实际的发展动能，但未见对社会经济文化发展产生显著改变	
		仅在历史文献或口耳相传中存在，未见实际介入社会经济发展	

续表

评价项目	评价因子	评价依据（特点）	是否
影响力评价	辐射的范围	具有全国性、世界性的影响力	√
		具有长三角区域、浙江省影响力	
		具有市县、乡镇影响力	
	提炼的高度	已经被古代文人士大夫和当代学者提炼为精神符号和理念理论	√
		单纯的样式、造型、工艺技术规范	
发展力评价	与当代精神追求和价值观念的契合	传统文化基因得到创造性转化、创新性发展；区域革命文化基因被完整继承、广泛弘扬；区域社会主义先进文化基因成为与浙江"三个地"相适应的文化高地	√
		部分转化、部分弘扬、部分发展	
		难以转化、难以弘扬、难以发展	

说明：基因特点评价是对解码出来的基因，根据本《导则》表 2 的要求，围绕"四个力"逐一对表打"√"，进行定性表述

（一）生命力评价

"阳明洞天"为道教第十一洞天，阳明洞也就是"禹穴"。洞系一巨石，中有罅，阔不盈尺，深不知底。道教视此石为圣物。黄帝曾建候神馆于此，大禹在这里得黄帝"金简玉字书"，识山河体势，穷百川之理，终于治平洪水，治水完毕，大禹将书藏于洞中，仅有一线缝隙。自司马迁"上会稽，探禹穴"以后，来此寻访禹穴、甚至隐居的名人络绎不绝。

南朝梁江淹《谢临川灵运游山》诗："幸游建德乡，观奇经禹穴。"唐朝李白《送二季之江东》诗："禹穴藏书地，匡山种杏田。"禹穴旁，葛玄、葛洪求仙炼丹于此，"去禹穴二十五步"，又有"禹井"，"谓禹穿凿，故因名之"。原井"大如盆盂，其深尺许，清泉湛然"。此井后来也为道教文化

所涵盖，称"葛仙翁炼丹井"。王守仁在此曾结庐读书，潜心研究心学，终成一代哲学大师。清康熙《会稽县志》载："王文成守仁为刑部主事时，以告归结庐洞侧，默坐三年，了悟心性，今故址犹存。"

（二）凝聚力评价

讲学是历代大儒弘道的主要形式，王阳明在阳明洞天、稽山书院等地都有讲学，八方彦士聚集，一时蔚为大观。

绍兴已经成为当时全国的学术中心，前来求学的人已是数以万计了。他居越六年间，倾情传习良知，影响遍及全国。"潜鱼水底传心诀，栖鸟枝头说道真。"阳明先生创立心学，毕生传道，他说自己好比是一条自由的鱼，一只快乐的鸟。

《传习录》中有一段记载，史称"南太守三悟致良知"。一日，南大吉问："大吉临政多过，先生何无一言？"先生曰："何过？"大吉历数其事。先生曰："吾言之矣。"大吉曰："何？"曰："吾不言，何以知之？"曰："良知。"先生曰："良知非我常言而何乎？"大吉笑谢而去。居数日，大吉复自数过益密，对先生曰："与其过

后悔改，曷若预言使不犯为佳也。"先生曰："人言不如自悔之真。"大吉笑谢而去。又过数日，大吉复自数过益密，追问先生曰："身过可勉，心过奈何？"先生曰："昔镜未开，可得藏垢；今镜明矣，一尘之落，自难住脚。此正入圣之机也，勉之！"大吉谢别而去。

阳明先生的弟子仿照孔子讲学的形式，将阳明先生的讲学著作集编为《传习录》，其名出自《论语·学而》："吾日三省吾身：为人谋而不忠乎？与朋友交而不信乎？传不习乎？"嘉靖三年（1524），南大吉以门人的身份，将《传习录》续刻于绍兴，并由原三卷增至五卷，一直流传于后世。平心而论，阳明先生的讲学规模与深度已经超过了当年的孔子，此举为他的晚年抹上了浓墨重彩。钱穆先生把《传习录》归为七本"中国人所必读的书"之一。

（三）影响力评价

"耶溪岸回合，禹庙径盘纡。洞穴何因凿，星槎谁与刳。石凹仙药臼，峰峭佛香炉。去为投金简，来因挈玉壶。"这是白居易在《和微之春日投简阳明洞天五十韵》中的诗句，写的

便是绍兴的阳明洞。

宋人陈起也有《谒阳明洞天》诗："羁游何事复来东，岂是三生太史公？舞鹤台空丹蜕井，见龙坛古瑞名宫。石帆酒瓮遗秦迹，玉简金书阁禹功。万壑松风秋愈壮，直将幽意问穹隆。"这说的同样是绍兴的阳明洞。王阳明与绍兴有着深厚的渊源，他自称"古越阳明子""会稽王守仁"，又说："某生长兹土，犹乡之人也。"他31岁时筑室会稽山阳明洞天修道，这是他的思想发端与学术起点。二十年后他回到绍兴，经历了由"天理"向"良知"的转折，达到了思想成熟的高峰，这也是他的讲学终点，绍兴恰好是他实现自己思想的地方。

（四）发展力评价

绍兴是阳明心学的发端地，也是阳明心学的成熟完善地。王阳明修道于绍兴阳明洞天，悟道于贵州龙场，行道于江西，证道于绍兴碧霞池。绍兴自阳明学诞生之时起就是中心。而阳明作为一个地名就是在绍兴。"阳明洞天"作为道教的第十一洞天，实指绍兴会稽山龙瑞宫。王阳明因曾筑室于会稽山阳明洞天，遂自号"阳明子""阳明山人"。

开发阳明洞天，有着良好的现实基础。阳明洞天周边生态环境优美，人文丰富，这里有禹得天书的故事，有葛玄炼丹的传说，有贺知章《龙瑞宫记》摩崖石刻，它与大禹陵隔山连体。阳明洞天的前面便是著名的若耶溪，若耶溪边是自然风光秀丽的洄涌湖。这一带有望仙桥、射的山、樵风泾等，沉淀着许多历史故事。洄涌湖碧水静流，森林、湖泊、青山相互映衬，与碧绿的若耶溪连接相通，与田野风光相望，如一幅美丽的江南洞天福地画。在阳明洞天边，有古色古香的安麓酒店和樱花林。如果将这些资源整合在一起，这里将成为一个很大的旅游板块，是一篇洞天福地的大文章，宛委山阳明洞天景区就是一个十分可观、耐人寻味、令人向往的休闲度假胜地。

如何做好洞天福地、水府、岩中花树这些文章，形成阳明洞天文化新地标值得深思。保护好宛委山阳明洞天一带的自然生态环境，做好一篇宛委山阳明洞天大文章，让宛委山阳明洞天一带成为文化养身之地、隐居休闲之地、陶冶情操之地、寻古朝圣之地，正当其时。

三、核心基因保存

"历史悠久的阳明洞天""超然出世、无相无想的精神思想""正心诚意、不畏艰苦的精神思想"作为阳明洞天的核心基因，《王阳明与阳明洞》《王阳明浙省遗迹论考》等 4 篇文字资料保存于绍兴阳明文化基因解码调查组资料库。

稽山书院

阳明心韵 绍兴阳明文化基因

稽山书院

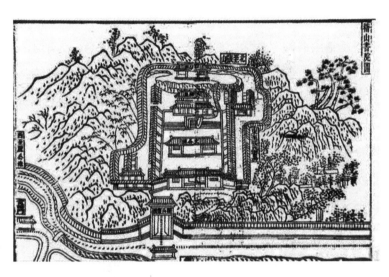

　　稽山书院始建于距今980多年前的宋宝元二年（1039），为范仲淹知越州时创建于越城府山脚下，为绍兴历史上有明确文献记载的第一所书院。宋淳熙八年（1181），51岁的南宋大儒朱熹提举浙东常平茶盐公事。因慕"天地间第一流人物"范仲淹，故特住稽山书院"讲学敷政，以倡多士"并增建"明德堂""尊经阁"。王阳明于此阐述"致良知"之学，并撰《稽山书院尊经阁记》，试八邑诸生，选其优者升于书院，月给廪饩。后为瑞泉精舍。万历七年（1579），奉例毁书院，遂为吴氏所佃，尚书吴兑持之不遽毁。万历十年（1582），知府萧良干修复，易名"朱文公祠"，又于瑞泉精舍旧址建"仕学所"。清康熙十年（1671），里人虞敬道、柴世盛重修。

历史上，稽山书院曾为绍兴培养了大量人才。有宋一代，先后受学于稽山书院首任山长石待旦（范仲淹亲自邀请）门下的学子，登上相位的有文彦博、杜衍、吕公著、韩绛等，另有76人登进士第和官至侍从。由是，越州及稽山书院"儒学之盛，称于东南"。元至正年间，稽山书院得以修葺扩建，但到了元末曾一度荒废。

在稽山书院的教学内容中，范仲淹提倡"宗经""事功"，以儒家经典培养能通达"六经"（王阳明为稽山书院撰写《稽山书院尊经阁记》即源于此思想）之义、具治国之术的人才；同时注重兼授诸算学、医药、军事等基本技能，也培养具有专门知识、技能的实用人才。

在稽山书院的讲学实践中，王阳明形成了自己独特的书院观。王阳明将书院定位为"匡翼夫学校之不逮"，认为书院存在的意义就在于补救官学的流弊，讲求古圣贤的明伦之学。在他看来，国家建学之初意，就是明人伦，就是求道，就是培养人格。但受科举制度功利思想的影响，这种书院观在其发展道路上也受到了一定的阻碍。

在稽山书院进行教育的过程中，在王阳明的倡导下，书院也逐步形成了一种较为完备的制度。讲会类似于现代的学会组织，以书院为中心，联合周边的有识之士共同组成。书院之间也联合举办讲会，轮流主持，成为当时影响广泛的学术教育活动。王阳明认为，为学不可离群索居，不可一曝十寒，不可独学无友。固守一地，专从一师难以长进，最好的方式是经常聚会讲习，师友相观而善，取长补短，从而诱掖奖劝、砥砺切磋，使道德仁义之习日亲日近，世利纷华之染日远日疏，才能充分发挥教化的社会功能。王阳明为此还在《教条示龙场诸生》的基础上，为稽山书院订立了《稽山会约》："立真志、用实功、涤旧习。"

王阳明重视稽山书院的建设，将其作为研究、传播学术思想的阵地，其心学也几变而定于书院，其教亦传于书院。在稽山书院的讲学过程中，王阳明教学相长，不断完善并发展了自己的学术主张与思想体系。可以说，王阳明在正德、嘉靖年间的努力开启了中国历史上继两宋以后的第二个书院与学术互为表里、共同发展的良好趋势，即新的理论在书院中崛起，而新的理论又一次推动了书院发展。

稽山书院由明到清，几经兴废。刘宗周、黄宗羲等大儒亦曾在稽山书院讲学论道，但盛况已不复当年。所幸的是，在范仲淹第二十九世孙、著名国学大师及书画家范曾先生等大德的倡导下，稽山书院于2014年10月12日在绍兴市柯桥区会稽山龙华寺内举行了复牌揭幕仪式，这标志着宋明时期的"越地讲学圣地"——稽山书院宣告正式复院，数十位国内外文化名流相聚会稽山之巅，见证了这一历史性时刻。复院后的稽山书院已定期邀请国内外文化名流、学者，面向社会大众连续举办文化讲座。稽山书院已连续举办了数届"会稽山论坛"，论坛期间鸿儒云集，莫言、叶嘉莹、楼宇烈、董平、陈洪、湛如等数十位文化名家及稽山书院特聘教授齐聚会稽山巅开坛讲座，惊艳世人，影响显著，重新开启了越地讲学之风。

从古至今，绍兴文脉之盛，稽山书院当然功不可没。稽山书院也成为绍兴历史上有明确文献记载的、人文贡献最大的一所书院。

一、要素分解

（一）物质要素

1. 得天独厚的地理位置。稽山书院是绍兴著名的千年书院，以王阳明讲学时最为鼎盛，为浙江培养了大批王门弟子。稽山书院始建于1039年，为北宋名臣范仲淹创建。书院位于江南水乡绍兴，而绍兴地理位置十分优越，自古以来长期为区域性的政治、经济、文化中心，城市选址别具匠心，"负卧龙山脊，面秦望（山），带鉴湖，玉架天柱诸峰环峙左右"。城市南面，会稽山连绵起伏，重翠叠嶂；名城四周，护城河如玉带环绕；遥望鉴湖，水波浩渺。科学合理的城址选择，使名城处于优美的山水风光之中，为人们提供了宜人的城市大环境。绍兴城址历经千年不变，为我国城建史上所罕见，仍保存着比较丰富的历史文化遗产和成片较为完整的历史文化街区，名城传统风貌和格局颇具特色，是我国著名的水乡、桥乡、酒乡、书法之乡、名士之乡，也是越文化的发祥地，具有较高的历史文化价值。

2. 独具匠心的明代建筑。稽山书院的建筑也遵循历史风貌原则。稽山书院的恢复重建严格按照书院鼎盛时期——明嘉靖年间知府南大吉拓建后，王阳明住持书院教学时期的风貌（绍兴明代志书有完整的版刻图样），以再现鼎盛时期的风貌。

（二）精神要素

致良知、知行合一的阳明精神。对天理的内心发掘，对良知的追求，对知行合一的倡导，是王阳明留给我们的精神财富。王阳明的心学是对治当下道德失范、诚信缺失、知行不合一、价值观扭曲的一剂良药。虽然，王阳明是在贵州龙场悟道，但他真正完成心学体系并进行系统阐述还是在绍兴，绍兴在弘扬王阳明思想文化体系乃至弘扬中华优秀传统文化上更应该有所作为。

在当今社会，王阳明的学说依然具有现实意义。阳明心学的"致良知"和当下大力倡导的社会主义核心价值观，不管是从国家层面还是从个人层面来说都是一脉相承的，也符合中国人的传统心理结构。王阳明说的"知行合一""致良知"，与社会主义核心价值观能够相互印证，同时也能进行充分解释。一旦"知"，就要"行"，知道道理，学到文化，更是要运用在行动中去。"文化成先行者，亦是推动力。"绍兴在着手稽山书院的复院和推广阳明心学的过程中，深刻地认识到了阳明精神、价值观对实践的指导作用，希望能借助稽山书院的建设，整合绍兴地区对阳明心学感兴趣的力量，一方面推动民间力量在绍兴文化遗产继承和绍兴文化建设当中发挥作用，扩大社会影响力，另一方面也将稽山书院建设为思想交流的重要平台，打造成绍兴城市文化的一张亮眼名片。

（三）制度要素

书院教育制度。千百年来书院是传统文化的基地，是读书人的栖身之所，也是文化的载体。书院具有传承道统的使命和弥补官学教育不足的作用，是学子修身养性的有效载体。重构书院文化对新时期建设社会主义先进文化具有重要意义。绍兴自古以来非常重视文化和书院教育，希望通过社会各界的努力，将书院文化融入国民教育的各个领域和环节，相信阳明心学一定能够在绍兴实现返本开新的使命。绍兴能够成为弘扬传统文化的高地，成为阳明心学传播的高地。

在 2018 年 6 月 17 日的第二届中国阳明心学高峰论坛大会上，潘建国先生为大家讲述了绍兴书院的传统，系统阐发了稽山书院的"致良知"之学，进一步阐述了绍兴深厚的文化传统，并提出书院不是现代教育的补充，而是弘道和传播价值观的地方。书院要传承，要有担当，要展示文化自信，中国文化未来的复兴一定体现在书院当中。

（四）语言与象征符号

文化瑰宝《稽山书院尊经阁记》。嘉靖四年（1525）四月，山阴县令吴瀛在绍兴知府南大吉的委派下，重修绍兴稽山书院，并在书院后面筑一座尊经阁，打算以此把人们引向圣贤正道。尊经阁筑成后，南大吉请阳明先生写一篇记，以规劝当时的一些读书人端正学习儒家经典的态度，于是王阳明便写下了《稽山书院尊经阁记》。《稽山书院尊经阁记》也成了王阳明的代表作，集中体现了书院的办学思想与准则。《稽山书院尊经阁记》开篇指出："经，常道也。其在于天谓之命，其赋于人谓之性，其主于身谓之心。心也，性也，命也，一也。"传统的理学认为人欲与天理是对立的，而王阳明在这里明确指出，天命、人性、人心是统一的。《稽山书院尊经阁记》开篇的论述，相对于繁复的逻辑论证而言，更为简单，也更益于传播。"心也，性也，命也，一也"，这八个字所承载的际遇来之不易。王阳明在贵州龙场驿丞的经历，可以称为树立心学、明晰心学"一也"的重要时期，上溯到官场的际遇也唤醒了先生对朱熹理学的反思。凄苦经年的思辨使先生明晰了天道、人道、人性的关系，也就是此篇文章中标明立意的"心也，性也，命也，一也"。

这篇文章一反传统的亭台楼阁景观描写的常规，开头就从"经，常道也"入手，由粗到细、由浅入深，将王阳明的心、性、命皆一的理论进行大力宣传。王阳明的《稽山书院尊经阁记》，善用反复，在反复中层层深入。通篇多下断语，文风豪迈，将作者广阔的胸襟体现得淋漓尽致，并且形象、深刻地便于时人认识和理解心学的治学目的和方式，是中华文学艺术史上不可多得的文化瑰宝。

二、核心基因提取与评价

基于对材料的全面、深入分析，本文化元素的核心基因可表述为"独具匠心的明代建筑""致良知、知行合一的阳明精神""文化瑰宝《稽山书院尊经阁记》"。

稽山书院核心文化基因评价依据

评价项目	评价因子	评价依据（特点）	是否
生命力评价	文化基因存续的时间	自出现起延续至今，未曾明显中断	
		自出现起延续至今，但多次衰微、中断后复兴	√
		曾明显衰败，改革开放后开始复兴或历史溯源关键环节缺失，难以考证	
		文化形态主体已灭失，现存部分痕迹	
	文化基因的稳定性	在发展过程中保持相当稳定的状态	√
		在发展过程中存在明显的精神内涵、表现形式剧变	
凝聚力评价	文化基因的凝聚力及社会动员效果	曾广泛凝聚起区域群体的力量，显著推动过社会经济文化的发展	√
		曾部分凝聚起区域群体力量，对社会经济文化的发展产生过影响	
		凝聚过力量，创造过实际的发展动能，但未见对社会经济文化发展产生显著改变	
		仅在历史文献或口耳相传中存在，未见实际介入社会经济发展	

续表

评价项目	评价因子	评价依据（特点）	是否
影响力评价	辐射的范围	具有全国性、世界性的影响力	
		具有长三角区域、浙江省影响力	√
		具有市县、乡镇影响力	
	提炼的高度	已经被古代文人士大夫和当代学者提炼为精神符号和理念理论	√
		单纯的样式、造型、工艺技术规范	
发展力评价	与当代精神追求和价值观念的契合	传统文化基因得到创造性转化、创新性发展；区域革命文化基因被完整继承、广泛弘扬；区域社会主义先进文化基因成为与浙江"三个地"相适应的文化高地	√
		部分转化、部分弘扬、部分发展	
		难以转化、难以弘扬、难以发展	

说明：基因特点评价是对解码出来的基因，根据本《导则》表2的要求，围绕"四个力"逐一对表打"√"，进行定性表述

（一）生命力评价

在绍兴建城的 2500 多年的历史长河中，出现了两位光耀千古、影响着中国人精神世界的伟大思想家——范仲淹和王阳明（他们作为先儒均位列于孔庙东庑），而链接了这二位伟人的桥梁，即是先由北宋名相范仲淹知越州时（1039—1040）创立的、后因明代大儒王阳明讲学而兴起的稽山书院。书院位于绍兴城内卧龙山之南，与古代越王勾践的宫殿遗址——越王台相望。书院规模宏大，范仲淹聘请名儒主讲，远近受业者闻风请教。南宋时期，全国政治、经济、文化中心南移，书院得到进一步发展。1181 年，南宋名儒朱熹奉命到绍兴管理茶盐事务，他于政事之暇，亲到书院讲学，绍兴学风大振。至元代，书院继续重修扩建，学脉绵延不绝。元末明初，由于战乱不断，书院被

毁废弃。明正德六年（1511），山阴知县张焕重建书院，恢复讲学活动且于王阳明晚年归隐讲学的六年最为盛行。

（二）凝聚力评价

稽山书院曾广泛地凝聚起文人士子的力量，推动着书院的发展。据《王文成公全书·年谱一》记载，嘉靖三年（1524），王阳明在绍兴，门人日进。郡守南大吉以座主称门生，往复问学，态度极为诚挚，并辟稽山书院，聚八邑彦士，身率讲习以督之。王阳明来到稽山书院讲学后，听者云集，据说前来听讲的有三百多人，他们来自广东省、江西省等地，书院几乎容纳不下。浙江海宁诗人董萝石当时已是68岁高龄，仍特意来稽山书院听王阳明讲学。前来求学的学子更是数以千计。事实上，当时的绍兴已经成为全国闻名的学术中心了。莘莘学子们孜孜以求的是圣贤之道。文人墨客汇聚于此，也使稽山书院再次成为当时国内最为著名的书院。

（三）影响力评价

王阳明重视书院建设，将其视作研究、传播学术思想的阵地，其心学也几变而定于稽山书院，其教亦传于书院。在稽山书院的讲学过程中，王阳明教学相长，不断完善、发展着自己的学术主张与思想体系，使稽山书院成为中国历史上影响深远的讲学中心，推动了中华文化的传播与发展。而如今，复院后的稽山书院也定期邀请国内外文化名流、大家学者，面向社会大众连续举办文化讲座（讲会）。稽山书院已连续举办了数届"会稽山论坛"，论坛期间鸿儒云集，莫言、叶嘉莹、楼宇烈、董平、陈洪、湛如等数十位文化名家及稽山书院特聘教授齐聚会稽山巅开坛讲座，惊艳世人，影响显著。

（四）发展力评价

目前，稽山书院位于绍兴市越城区府山公园内，在原址上按明代稽山书院图的布局、以绍兴明式建筑的风格，按传统工艺进行打造，力争成为可以延续千年的世界文化遗产。稽山书院的重建，反映了地方官员对阳明文化的有力支持，体现了广大求学之士对传统文化的关切，代表着王阳明的心学及其书院的发展，展现着以阳明心学为代表的中华传统文化精神，凝聚着中国智慧与中国自信。2014年，浙江绍兴"首届会稽山论坛——文化中国秋季讲坛暨支遁与魏晋南北朝佛教国际学术研讨会"在会稽山龙华寺举行，在众多文化名流的见证下，宋明时期的"越地讲学圣地"——稽山书院复院。可以期待的是，绍兴市稽山书院这一具有悠久历史的文化遗存、国学高地，不久之后将继续惊艳世人，继续为往圣继绝学，为传统文化的复兴、中国梦的实现作出自己应有的贡献。

三、核心基因保存

　　"独具匠心的明代建筑""致良知、知行合一的阳明精神""文化瑰宝《稽山书院尊经阁记》"是稽山书院的核心基因解码，《首届"阳明文化在稽山"读书节开幕》等文字资料保存于绍兴市文化基因解码调查组资料库。稽山书院实物资料也位于绍兴市柯桥区湖塘街道大香林风景区龙华寺内。

王阳明墓

阳明心韵　绍兴阳明文化基因

王阳明墓

　　明成化十七年（1481），高中状元的王华，因常思山阴的佳丽山水，带着9岁的王阳明，从余姚迁居位于绍兴府城西迎恩门内的山阴县光相坊。12岁时，王守仁正式就读私塾。13岁，母亲郑氏去世，幼年失恃，对他来说是一个很大的挫折。但他志存高远，心思不同于常人。一次与私塾先生讨论何为天下最要紧之事，他就不同凡俗，认为"科举并非第一等要紧事"，天下最要紧的事是读书做圣贤。当时国家朝政腐败，义军四起。正统年间，明英宗被蒙古瓦剌部所俘。这件事情在王守仁幼小的心中投下了巨大的阴影。他发誓一定要学好兵法，为国效忠。

15岁时他就屡次上书皇帝，献策平定农民起义，未果。同年，他出游居庸关、山海关一个月之久，纵观塞外，那时已经有经略四方之志。弘治五年（1492），王守仁第一次参加浙江乡试，与胡世宁、孙燧同榜中举，其后，学业大有长进。

作为明弘治十二年（1499）进士，王阳明曾任贵州龙场驿丞、庐陵知县、南赣巡抚、两广总督、南京兵部尚书等职。正德六年（1511）王守仁随即被召入京，历任吏部验封司主事、清吏司员外郎。正德七年（1512），历任吏部考功清吏司郎中、南京太仆寺少卿。正德九年（1514），升任南京鸿胪寺卿。正德十一年（1516），兵部尚书王琼对王守仁的才能十分赏识，在王琼的推荐下，王守仁被擢为都察院左佥都御史，巡抚南（安）、赣（州）、汀（州）、漳（州）等地。正德十四年（1519），宁王朱宸濠发动叛乱，王守仁得到朱宸濠叛乱的消息，立即赶往吉安，募集义兵，发出檄文，出兵征讨。嘉靖七年十一月二十九日卯时（1529年1月9日8时）王阳明病逝于江西南安府大庚县青龙港（今江西省大余县境内）舟中。临终之际，弟子问他有何遗言，他说："此心光明，亦复何言？"丧过江西境内，军民都穿着麻衣哭送。先前因平定宁王叛乱，朝廷封特进光禄大夫、柱国、新建伯。隆庆时追赠新建侯，谥文成。万历十二年（1584）从祀于孔庙。

王守仁墓位于浙江省绍兴市柯桥区书法圣地兰亭镇以南二里许的仙暇山庄内。墓坐北朝南，背依山岗，顺依山势，逐级升高，视野开阔，风水特佳。墓冢直径10米，墓道全长70余米，百余级台阶，四层平台，全部用石材精心雕刻而成，气势雄伟，是浙江地区较典型的明代墓葬建筑。墓地近2000平方米的山麓地带，数十棵合抱古松环侍左右，营建了庄严肃穆的环境氛围。

墓始建于明嘉靖八年（1529），清康熙、乾隆年间曾多次修葺。乾隆四十九年（1784），清高宗南巡，作过一次修缮，御赐"名世真才"题额并建四柱冲天式石牌坊于墓前。抗日战争时期，国民党驻绍部队将领陶广为之树立墓碑。1988—1989年绍兴文物保护部门对王守仁墓进行了全面整修，1989年3月，由冈田武彦先生发起，在日本全国筹集300万日元资助绍兴修复王阳明墓的工程顺利竣工。2006年5月，王阳明墓被公布为全国重点文物保护单位。2006年，绍兴文化发展中心对王守仁墓进行了全面整修。

围绕"文化朝圣"的定位，柯桥区自2015年开始启动阳明园建设项目。其中一期工程规划面积200余亩，整体以江南墓园和绍兴明代建筑风格为主要建设思路。目前，阳明墓前已恢复了"名世真才"冲天牌坊。"名世真才"题额系清代乾隆皇帝南巡时御赐，"名世真才"四字是根据拓本恢复的。阳明园内，在原址上还按历史原状恢复了洪溪，阳明墓前呈现"抖水鲜虾"的景致。此外，还恢复了两块历史碑刻。阳明墓前的墓道两边松柏林立，墓园氛围庄重，环境优雅。

柯桥区还在兰亭江以南，配套建设占地面积300多亩的文化公园，园内有长330米的朝圣道、200余亩花海及停车场等配套设施，这些是阳明园二期工程。目前，二期工程正在加紧建设中。阳明园一期、二期工程，都以阳明墓周边环境保护为出发点，并充分"留白"，使阳明墓在真山真水中更显"天人合一"的境界，寄托了故乡人民对一代宗师王阳明的怀念之情。

一、要素分解

（一）物质要素

静谧清幽、庄严肃穆的环境氛围。王守仁墓位于浙江省绍兴市柯桥区书法圣地兰亭镇以南二里许的仙暇山庄内。墓坐北朝南，背依山岗，顺依山势，逐级升高，视野开阔，风水特佳。墓冢直径 10 米，墓道全长 70 余米，百余级台阶，四层平台，全部用石材精心雕刻而成，气势雄伟，是浙江地区较典型的明代墓葬建筑。墓地近 2000 平方米的山麓地带，数十棵合抱古松环侍左右，营建了庄严肃穆的环境氛围。

（二）精神要素

1. 德才兼备、克己奉公的品质。正德十四年（1519），宁王朱宸濠发动叛乱。王守仁得到朱宸濠叛乱的消息，立即赶往吉安，募集义兵，发出檄文，出兵征讨。然而，平叛大功却没有得到武宗的认同。武宗身边的佞幸之臣，平时与宁王交往密切，心态极端复杂。一些佞幸之臣希望王守仁将朱宸濠释放，然后再让已经南巡的武宗亲自"擒获"朱宸濠，以满足武宗的虚荣心。面对这样复杂的情势，王守仁急流勇退。他将朱宸濠交付给当时尚属正直的太监张永，然后称病，以避免卷入更多的政治事端之中。所以，终武宗一朝，王守仁平叛之功没有得到朝廷的封赏。直到世宗即位以后，王守仁才加官晋爵。

2. 矢志不渝、奋斗不已的精神。1496年，王阳明在会试中再度名落孙山，有人在发榜现场未见到自己的名字而嚎啕大哭，王阳明却无动于衷。大家以为他是伤心过度，于是都来安慰他，而王阳明脸上掠过一丝沧桑的笑，说："你们都以落第为耻，我却以落第动心为耻。"随后，27岁的他以二甲第七名的成绩观政工部，并于弘治十七年（1504），起用授兵部武选清吏司主事。

3. 意志坚强、志向远大的品格。1483年，王阳明在北京的私塾读书，有一天，他一本正经地问老师："何为第一等事？"这相当于是在问，人生的终极价值是什么？他的老师吃了一惊，因为从来没有学生问过他这样的问题，但他还是很快作出了坚定的回答："当然是读书做大官啊！"王阳明严肃地看着老师说："我认为不是这样。"顿了顿，他一脸郑重地继续说道："我以为第一等事应是读书做圣贤。"

二、核心基因提取与评价

基于对材料的全面、深入分析，本文化元素的核心基因可表述为"静谧清幽、庄严肃穆的环境氛围""德才兼备、克己奉公的品质""矢志不渝、奋斗不已的精神""意志坚强、志向远大的品格"。

王阳明墓核心文化基因评价依据

评价项目	评价因子	评价依据（特点）	是否
生命力评价	文化基因存续的时间	自出现起延续至今，未曾明显中断	√
		自出现起延续至今，但多次衰微、中断后复兴	
		曾明显衰败，改革开放后开始复兴或历史溯源关键环节缺失，难以考证	
		文化形态主体已灭失，现存部分痕迹	
	文化基因的稳定性	在发展过程中保持相当稳定的状态	√
		在发展过程中存在明显的精神内涵、表现形式剧变	
凝聚力评价	文化基因的凝聚力及社会动员效果	曾广泛凝聚起区域群体的力量，显著推动过社会经济文化的发展	√
		曾部分凝聚起区域群体力量，对社会经济文化的发展产生过影响	
		凝聚过力量，创造过实际的发展动能，但未见对社会经济文化发展产生显著改变	
		仅在历史文献或口耳相传中存在，未见实际介入社会经济发展	

评价项目	评价因子	评价依据（特点）	是否
影响力评价	辐射的范围	具有全国性、世界性的影响力	√
		具有长三角区域、浙江省影响力	
		具有市县、乡镇影响力	
	提炼的高度	已经被古代文人士大夫和当代学者提炼为精神符号和理念理论	√
		单纯的样式、造型、工艺技术规范	
发展力评价	与当代精神追求和价值观念的契合	传统文化基因得到创造性转化、创新性发展；区域革命文化基因被完整继承、广泛弘扬；区域社会主义先进文化基因成为与浙江"三个地"相适应的文化高地	√
		部分转化、部分弘扬、部分发展	
		难以转化、难以弘扬、难以发展	

说明：基因特点评价是对解码出来的基因，根据本《导则》表2的要求，围绕"四个力"逐一对表打"√"，进行定性表述

（一）生命力评价

王阳明，被称为"千古第一等人"。他官至南京兵部尚书、都察院左佥都御史，精通儒、释、道三家，开创出了堪称儒学新局面的心学，被认为是可直追孔孟的大圣人。作为史上罕见的立德、立功、立言三不朽之人，王阳明为后世留下了很多经典语录。因此，以王阳明墓为载体的四大核心基因"静谧清幽、庄严肃穆的环境氛围""德才兼备、克己奉公的品质""矢志不渝、奋斗不已的精神""意志坚强、志向远大的品格"自出现起延续至今，未曾明显中断，在发展过程中保持相当稳定的状态。

（二）凝聚力评价

近年来，绍兴高标准推进阳明故居、稽山书院、阳明洞天、阳明园等重点遗迹的修缮和建设，重现王阳明生活、讲学等历史场景，努力打造阳明心学研究圣地、中国国学研究高地。在塑造"一城三故里"文化旅游新格局过程中，有着"两路""两河""两府"的阳明故里正是非常重要的一环。因此，作为王阳明墓的核心基因，"静谧清幽、庄严肃穆的环境氛围""德才兼备、克己奉公的品质""矢志不渝、奋斗不已的精神""意志坚强、志向远大的品格"具有全国性影响力。

（三）影响力评价

抗日战争时期，国民党驻绍部队将领陶广为王阳明墓树立墓碑。1988—1989年绍兴文物保护部门对王守仁墓进行了全面整修。1989年3月，由冈田武彦先生发起，在日本全国筹集300万日元资助绍兴修复王阳明墓的工程顺利竣工。2006年5月，王阳明墓被公布为全国重点文物保护单位。2006年，绍兴文化发展中心对王守仁墓进行了全面整修。

（四）发展力评价

围绕"文化朝圣"的定位，柯桥区自2015年开始启动阳明园建设项目。其中一期工程规划面积200余亩，整体以江南墓园和绍兴明代建筑风格为主要建设思路。阳明园一期、二期工程，都以阳明墓周边环境保护为出发点，并充分"留白"，使阳明墓在真山真水中更显"天人合一"的境界，寄托了故乡人民对一代宗师王阳明的怀念之情。因此，其核心基因"静谧清幽、庄严肃穆的环境氛围""德才兼备、克己奉公的品质""矢志不渝、奋斗不已的精神""意志坚强、志向远大的品格"得到了创造性转化、创新性发展。

三、核心基因保存

　　"静谧清幽、庄严肃穆的环境氛围""德才兼备、克己奉公的品质""矢志不渝、奋斗不已的精神""意志坚强、志向远大的品格"作为王阳明墓的核心基因，王阳明墓照片等5项图片资料保存于绍兴阳明文化基因解码调查组资料库。

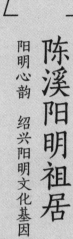

陈溪阳明祖居

阳明心韵 绍兴阳明文化基因

陈溪阳明祖居

　　中国人向来追求"三不朽"——立德、立言、立功。能把这三点做到极致的，就是圣人。几千年来，这样的人屈指可数。而最近五百年，仅一人而已，他就是"心学"的开创者——王阳明。王阳明被誉为五百年来第一精神导师。明清以来，众多学者追随他的思想，徐阶、张居正、曾国藩、蒋介石、稻盛和夫都一直推崇阳明心学。孙中山直言自己"沉醉于中国哲学大家王阳明的知行合一"；毛泽东则是因为受到了阳明心学的影响，去闹市看书以修心；陶行知更是由于敬奉阳明心学，将自己的原名文濬直接改为"行知"。王阳明影响之广泛，彻底改变了明朝中期以后的思想，并直接影响到东亚各国，尤其对日本的近代历史影响深远。

王阳明被称为"完人"，完全得益于其自身领悟的心学大智慧。世界上有很多优秀的人，但有太多优秀者最终因为众多因素而逐渐走向平庸。王阳明用自身的经历和智慧，汇聚成"阳明心学"以启示世人：一个真正有智慧的人，一定要知道自己该如何超越自己的聪明优秀，从而实现自己的人生价值。阳明学不仅是治心之学，更是治神之学，是医治灵魂的学问。而阳明心学问世近 500 年来，之所以越来越焕发出它的光彩，就是因为他提倡从"心"出发，让人实现心灵的解放和自由。王阳明提出了著名的"心学四诀"——无善无恶心之体，有善有恶意之动，知善知恶是良知，为善去恶是格物。这正是他所追求的人生境界。

近些年来，以阳明心学为代表的中华传统文化开始火热复兴，王阳明先生也成为近年来最为炙热的网红古人，其热度远在孔子之上。王阳明故居地绍兴、出生地余姚、悟道地修文等王阳明行迹地纷纷举办了中国阳明心学高峰论坛、阳明文化周、阳明心学研学游等各种类型的纪念阳明先生、弘扬阳明心学的大型活动，以阳明心学为理论基础构建人类命运共同体，助力中国梦的实现。在这些众多的行迹地中，有一处非常重要又常常被忽视的地方，就是王阳明的祖居地——绍兴市上虞区陈溪乡。

根据《王文成公全书·年谱一》记载："先生讳守仁，字伯安，姓王氏。其先出晋光禄大夫览之裔，本琅琊人，至曾孙右将军羲之，徙居山阴；又二十三世迪功郎寿，自达溪徙余姚；今遂为余姚人……龙山公（王阳明父亲）常思山阴山水佳丽，又为先世故居，复自姚徙越城之光相坊居之。先生尝筑阳明洞，洞距越城东南二十里，学者咸称阳明先生云。"

从以上这段记载可以看出，王阳明先祖可追溯到西晋末年的晋光禄大夫王览，山东琅琊人。后来，先祖自金陵徙居山阴（今绍兴越城区）。之后，家族又从山阴迁居到四明山下的达溪（今绍兴市上虞区陈溪乡），几代后又迁居到余姚，为余姚秘图山王氏先祖。这从其他文献资料上，也可得到佐证。陆深的《海日先生行状》记载："右军将军羲之，由琅琊徙居会稽之山阴。后二十三代孙迪功寿又自山阴徙余姚。"黄绾的《阳明先生行状》

记载："览曾孙羲之……徙会稽……又徙达溪。有曰寿者，仕至迪功郎，乃徙居余姚。"

上虞陈溪乡位于四明山区，空气清新，风景优美，是浙江省首批4A级景区乡镇，阳明文化资源十分丰厚，是阳明心学研学游的胜地。陈溪乡政府也在上虞区委、区政府的支持下，并联手浙江省稽山王阳明研究院等单位，全力打造提升阳明文化旅游资源。相信在不久的将来，一个以阳明文化为核心的全域旅游乡镇，将游客云集，惊艳世人。

目前，陈溪乡将重点打造"红色文化"精品线路和"良知之路，心学之旅"游学精品线路，结合陈溪丰富的红色资源，重点开发研学游项目，用共富区的绿水青山吸引人，用阳明游学、红色研学文化体验留住人，发展集观光、劳动、研学为一体的游学系列旅游产品，助推陈溪打造"南花园"样板，使大家在欣赏美景的同时学习传承"知行合一"的思想。在陈溪还开展过"三服务"活动，专题调研"王阳明陈溪游学线路"，沿着王阳明游学的线路，逐点全面考察。相关负责人表示："王阳明的游学记载生动翔实，是不可多得的文化宝藏。"虞南有约800平方千米的青山绿水，散落着孝德文化、青瓷文化以及浙东唐诗之路、名人乡贤等各种文化元素。如今，王阳明的足迹无疑为打造精品旅游线路，壮大"美丽经济"，做好文化旅游融合发展大文章增添了新动力。

一、要素分解

（一）物质要素

1.独特秀美的自然风光。上虞陈溪乡地处浙东名山四明山南麓，是四明山革命根据地的重要组成部分，建有浙东新四军后勤基地纪念馆。全乡地域面积近 43 平方千米，历史文化底蕴深厚，是王阳明的祖居地、游学地。陈溪乡自然风光秀美，是浙江省 4A 级景区镇，独特的自然环境造就了如诗如画的"竹隐陈溪，仙山秀水"，吸引大批游客前来旅游摄影，并先后获得浙江省生态乡、浙江省教育强乡镇、浙江省东海文化明珠、浙江省兴林富民示范乡、全国环境优美乡镇等荣誉。

如今，陈溪段沿线已经建设形成多处景观带和亲水游步道，王阳明先祖居住地陈列馆、浙东新四军后勤基地纪念馆等

点缀其间，人文历史和自然景观在陈溪的青山绿水间交相辉映，成为上虞别具特色的美丽河湖。美丽河湖点亮了美丽乡村，带动发展美丽经济，这个布局正在陈溪乡成为现实。对于陈溪而言，美丽河湖建设，带来的不仅是一湾清水，还有新的发展机遇。

2. 底蕴深厚的历史人文环境。在古代，陈溪乡一直是名人高士的隐居胜地。南北朝名士杜京灿，东晋炼丹家葛洪，明末四朝元老、吏部尚书郑三俊等均曾在此暂居或归隐。抗日战争时期，为避日寇，上虞县政府也曾临时转移至此地办公，遗址至今尚存。

近年来，陈溪乡党委、政府积极实施乡村振兴战略，围绕"山水风情小镇、休闲养身福地"总体定位，进行小城镇综合环境整治、美丽乡村升级版建设，为全域旅游发展打下了良好的基础。在党建及红色文化的引领下，陈溪乡旅游方向和主题脉络更为明晰，即借助红色文化做深旅游文章，助推美丽城镇建设。围绕发展目标，陈溪乡发挥红色资源优势，凝聚各方力量，形成了独具陈溪特色的红绿相间的旅游线路，伴随而来的就是游客量的显著增长。

陈溪地处革命老区，拥有较丰富的红色资源。近年来，陈溪通过深挖盘活、文旅结合等举措，使红色资源再焕生机，如通过梳理完善新四军浙东纵队后勤保障基地组织脉络，优化展陈，使"九厂两院"的红色历史较好地展示出来。相关纪念馆被评为绍兴市党员干部党性教育现场教育基地。并依托浙东新四军后勤基地纪念馆等红色资源，陈溪深度推进文旅融合互动，开展"以吾之悟"党员主题教育活动、"以吾之学"学生研学体验活动，成功举办"竹隐陈溪·抢占仙鸡""双节同庆、乐游陈溪""陈溪竹隐小镇自行车爬坡赛"等活动，使特色旅游人气不断提升。

3. 丰饶的地方物产。陈溪盛产竹笋、板栗、茶叶、青梅、樱桃、高山蔬菜等农特产品，是浙江省毛竹之乡；有省级森林食品基地3个，省级无公害农产品基地4个，国家级无公害农产品3个。以竹、笋、茶等农产品加工为主的企业、专业合作社，年消化原竹1500万千克，加工春笋500万千克。

陈溪山上植被丰茂。大多山坡下半山为毛竹，上半山为柴树山。用材林丰富，有松树、杉树、枫树、白杨、檫树等。旧时，全乡有众多面积较大的成片松树林，如太平山的金鸡山、生畈、陈溪口、许朗岙的桥会山，棵棵都是合抱大树。每当秋天，松叶飘落，满地棕红，大风扬起，林涛如吼，山岗大树随处可见。承包到户后，各家各户在承包山上栽种了大片杉树，现已成林，约800亩。陈溪山林连绵，且跟巍巍四明山连成一片，林木茂盛，峡谷幽深，山涧众多，是野生动物理想的栖居之地。

4. 王阳明先祖居住地陈列馆。在陈溪乡有一座陈列馆，即王阳明先祖居住地陈列馆，由陈列馆、书法展厅、风情长廊和朗心园四大部分组成，是了解王阳明及先祖历史的最佳去处。王阳明先祖居住地陈列馆坐落在一条小巷子中，为一座白墙灰瓦的院落，四周被居民区所环绕，环境十分清幽，门前的墙壁上粉刷着关于王阳明及其先祖的事迹及成就。陈列馆一共由两大展厅组成，其中第一个展厅为"祖溪渊长"，即王阳明家族的变迁史，第二个展厅展示的是王阳明先生的遗墨，其核心为王阳明先祖的回迁脉络。在陈列馆中有一尊塑像，为王阳明先生的雕像。王阳明出生于显赫的家族，其父亲王华为成化十七年（1481）状元，官至南京吏部尚书。王阳明先生提出的"致良知"和"知行合一"的方法论，对于冲破封建思想禁锢和个性解放有着重要的意义。第二个展厅为王阳明先生的遗墨展示，王阳明先生不仅在哲学上成就突出，在书法上也有极高的造诣，其书法笔意清新、瘦劲坚挺，看似随意，却又给人一种纵横跌宕、变化万端的感觉。

（二）精神要素

1. 百折不挠的红色精神。陈溪乡拥有丰厚的红色文化资源，如何挖掘并实现红色文化的当代价值，讲好红色故事、释放红色能量、助力乡村振兴，是陈溪乡的重要任务。红色文化涵盖两方面的内容：一是红色资源，是红色文化的载体，集中体现为革命年代的人、事、物；二是红色精神，集中体现为红色资源上所承载的精神形态，是红色文化的核心和精髓。而对于陈溪乡，红色文化承载着勇于变革、敢为人先、团结奋进、百折不挠等精神内涵。

如何结合实际优势，将内涵丰富

的红色基因转化成发展的内生动力，这是陈溪乡一直在思考和探索的命题。这些年，陈溪乡着力推进基层党建工作，充分发挥村级党组织战斗堡垒作用和党员先锋模范作用。有了"火车头"的强力带动，陈溪乡的各项事业也在加速推进。在融入红色文化时，基层党组织做好党建工作是红色文化深入基层的关键。基层干部作为乡村振兴工作中的最前沿的群体，一方面，要把服务党员群众工作做实做细，也要因地制宜，因地施策，才能更好地为人民服务；另一方面，在开展基层党建工作时，要做到保护、修复革命遗迹遗址，收集、整理和编写红色故事，形成有特色的红色文化传承方式，培育红色土壤，播种红色种子，结出红色果实，实现红色文化引领乡村振兴。

2.倡导文明新风，弘扬孝德文化的理念。倡导文明新风，共建文明集镇。"把您的垃圾带走，将您的美德留下。"走在通泽广场，绿意盎然的环境，干净整洁的道路，朗朗上口的公益宣传语，让人顿时觉得心旷神怡。漫步孝德公园，投江救父的曹娥、卖身葬父的董永等二十四孝展示栏，明代王守仁《咏钓台石笋》、南朝谢灵运《登石门最高顶》等咏陈溪山水诗词墙绘，28对金婚夫妻展示长廊，全面展现了陈溪山水风情，弘扬了孝德文化的内涵，也凸显了陈溪稳定和谐的社会环境。

在苗通剧院、信义广场、孝信文化公园、新四军后勤保障基地、孝信墙绘及通泽广场周边等组合而成的陈溪村文化礼堂，是现在村民们茶余饭后最喜欢去的地方。各类技能培训、普法知识讲座、主题教育宣讲，增加了村民们的知识技能，也提升了内涵素养；越剧下乡、送电影下村、节庆文艺演出、阳光惠民行动等文艺活动和传统风俗活动，丰富了村民们的业余生活，也给他们带去了欢声笑语；女子舞狮队、腰鼓队、铜管乐队、舞龙队、广场舞等文艺队伍的组建，更是挖掘了陈溪村特有的乡土文化，推进了乡村文化的繁荣。

（三）制度要素

风景秀丽、人文荟萃的古游学路线。陈溪乡是心学大师王阳明先祖居住地，也是阳明游学理念的践行地。公元 1513 年，心学大师王阳明带着道友和弟子来到陈溪，一路赏景游学，吟诗作文，成为一段千古佳话，也使得这条线路成为我国最早的研学游经典线路之一。如今，为踏昔日圣贤足迹，寻阳明文化之源，上虞区陈溪乡开辟出了新的阳明游学线路，深度挖掘打造"1513 阳明游学线路"，将散落在全乡域的旅游节点连珠成串，为美丽城镇发展文化增添原动力，给文旅特色型小镇建设添砖加瓦。

作为虞南的"后花园"，陈溪乡的阳明游学线路不仅有石笋山、象鼻洞、雪花潭、神仙峡谷等山水自然奇观，也有通泽古寺、四柏禅院等人文景观，更是阳明文化的源头。在这里，游客们可以沿着王阳明的足迹，品着阳明先生尝过的农家菜，观瞻王阳明先祖居住地陈列馆，在欣赏美景的同时，领悟阳明"知乐知学"的价值。此外，于吉、葛洪、陶弘景、陆游等名人贤士也留下了足迹和诗文，是美丽城镇建设取之不竭的瑰宝。

（四）语言与象征符号

"致良知""知行合一"的文化精髓。上虞陈溪乡位于四明山区，空气清新，风景优美，是浙江省首批 4A 级景区乡镇，有十分丰富的阳明文化资源，是阳明心学研学游的胜地。目前，陈溪乡政府在上虞区委、区政府的支持下，正联手浙江省稽山王阳明研究院等单位，全力打造提升阳明文化旅游资源，筹建了阳明心学研学游基地。相信在不久的将来，一个以阳明文化为核心的全域旅游乡镇，将游客云集，惊艳世人。在"光明行——寻找王阳明的良知之路"的活动中，参与活动的全国中小学教育界人士，从阳明先生的出生地余姚出发，走访贵州、江西等九个市县，追寻阳明先生的遗迹，最终回到阳明先生的归葬地绍兴，通过活动感受一代圣贤的"吾心光明"之路。活动以通俗易懂、雅俗共赏且群众喜闻乐见的形式广泛传播心学，有效促进中华优秀传统文化的宣传普及推广。这些年陈溪乡将以更大力度挖掘及推广阳明祖居地的文化内涵，努力推动阳明文化提升景区创建高度，让"致良知""知行合一"等思想精髓在陈溪传承发展、生根开花。

二、核心基因提取与评价

基于对材料的全面、深入分析，本文化元素的核心基因可表述为"底蕴深厚的历史人文环境""倡导文明新风，弘扬孝德文化的理念""风景秀丽、人文荟萃的古游学路线""'致良知''知行合一'的文化精髓"。

陈溪阳明祖居核心文化基因评价依据

评价项目	评价因子	评价依据（特点）	是否
生命力评价	文化基因存续的时间	自出现起延续至今，未曾明显中断	√
		自出现起延续至今，但多次衰微、中断后复兴	
		曾明显衰败，改革开放后开始复兴或历史溯源关键环节缺失，难以考证	
		文化形态主体已灭失，现存部分痕迹	
	文化基因的稳定性	在发展过程中保持相当稳定的状态	√
		在发展过程中存在明显的精神内涵、表现形式剧变	
凝聚力评价	文化基因的凝聚力及社会动员效果	曾广泛凝聚起区域群体的力量，显著推动过社会经济文化的发展	√
		曾部分凝聚起区域群体力量，对社会经济文化的发展产生过影响	
		凝聚过力量，创造过实际的发展动能，但未见对社会经济文化发展产生显著改变	
		仅在历史文献或口耳相传中存在，未见实际介入社会经济发展	

续表

评价项目	评价因子	评价依据（特点）	是否
影响力评价	辐射的范围	具有全国性、世界性的影响力	
		具有长三角区域、浙江省影响力	√
		具有市县、乡镇影响力	
	提炼的高度	已经被古代文人士大夫和当代学者提炼为精神符号和理念理论	√
		单纯的样式、造型、工艺技术规范	
发展力评价	与当代精神追求和价值观念的契合	传统文化基因得到创造性转化、创新性发展；区域革命文化基因被完整继承、广泛弘扬；区域社会主义先进文化基因成为与浙江"三个地"相适应的文化高地	√
		部分转化、部分弘扬、部分发展	
		难以转化、难以弘扬、难以发展	
说明：基因特点评价是对解码出来的基因，根据本《导则》表 2 的要求，围绕"四个力"逐一对表打"√"，进行定性表述			

（一）生命力评价

坐落于上虞最南端的陈溪，东与余姚山水相连，南与奉化风光相依，与百官相距 32 千米。境内苍山翁郁，重峦叠嶂；清泉急湍，鸣环击磬，恰似人间仙境。早在 2500 多年前，这里就曾是越国大将灵姑浮"十年生聚，十年教养"之地。道家名士于吉、葛洪等人在太平山炼丹布道，留下太平山棋盘石、石室等遗迹。贞白先生陶弘景隐居石笋山，筑石门馆，以钓鱼为乐，遗有钓鱼台。晋谢敷、王羲之，宋代陆游，明代刘伯温、王阳明等世之名流也都曾先后游历于此，留下不少佳章美文。因山清水秀、人文荟萃、古迹众多而闻名的陈溪，随着岁月的流转，其生命力并没有衰减的迹象，反而以其丰富的旅游资源和开发价值越来越得以突显。

（二）凝聚力评价

陈溪乡坚持党建引领，积极盘活用好红色资源，做深做透"红绿相间"的特色旅游文章，他们持续整合各方力量，在共聚合力上做文章。乡级层面主动接轨余姚梁弄四明山革命老区红色旅游路线，举办红色系列活动，成立区域共享共建"红色联盟"，加强交流协作。各村党组织充分发挥战斗堡垒作用，党员积极参与，带头搞起农家乐，成为全乡党员带头参与旅游发展的样板之一。在陈溪乡，他们凝聚各方面力量，扎实开展龙溪论道、志愿者宣传日、各村主题党日等交流活动。2020年全年开展龙溪论道讲坛20次，志愿活动10次，累计参与900余人次，为实现红色文化与全乡旅游共同开发、共同建设。

（三）影响力评价

王阳明提出的"知行合一""致良知"等心学理论影响远及东南亚、日本、韩国等地，逐渐成为影响世界的东方智慧。在这一基础上，国家化行动方案中提出了强化文化国际传播能力建设的目标："高水平举办阳明心学国际峰会等具备国际标准、江南特质、绍兴特色的文化艺术节，深入系统挖掘王阳明思想体系和时代内涵，将以阳明心学为代表的中国智慧推向世界。"中国阳明心学高峰论坛已经成为改革开放以来国内规格最高、规模最大、影响最广的阳明心学专题论坛。举办中国阳明心学高峰论坛，能更好地研究交流阳明文化，推广普及阳明文化，弘扬阳明文化、借鉴阳明智慧。

（四）发展力评价

如今，随着阳明文化和阳明研学游在绍兴乃至全国的兴起，陈溪乡也迎来了发展乡村旅游的绝佳时机。在2020年的国庆假期，共有4万多名游客追随500年前阳明先生的脚步，走进这方山清水秀、人文荟萃的虞南胜境。在发展阳明文化的同时，我们也应该深刻认识到王阳明的思想是绍兴的，也是世界的。世界文明发展，需要一种在悠久传统基础上生发出的、经受过长期锤炼和检验的、适合人类和谐相处的、适合人与自然共存的话语、理论和文化。阳明心学的思想体系、话语表达符合这些条件。以"致良知"和"知行合一"为代表的阳明心学，在中国历史甚至在亚洲历史上影响深远，发挥着极大的影响力和感召力，把以阳明文化为代表的中国文化更好地推向世界，为构建人类命运共同体、推动人类文明发展贡献更大力量。

三、核心基因保存

　　"底蕴深厚的历史人文环境""倡导文明新风，弘扬孝德文化的理念""风景秀丽、人文荟萃的古游学路线""'致良知''知行合一'的文化精髓"作为陈溪阳明祖居地的核心基因，文字资料《陈溪乡获受阳明文化教学基地》《陈溪乡将开发王阳明游学线路》保存在绍兴文化基因解码调查组资料库。实物材料陈溪阳明祖居地处浙东名山四明山麓，隶属浙江省绍兴市上虞区，位于上虞区东南部。

"浙江文化基因丛书"后记

　　浙江濒海多山，古为百越之地，地少民贫。先民断发文身，披荆斩棘，筚路蓝缕，艰苦创业，卧薪尝胆，徐图自强，始稍为中原所识。山海情怀，越地长歌，独特的地理人文环境孕育出浙江艰苦奋斗、励精图治、百折不挠、勇攀高峰的地域文化性格和兼容并包、发展创新的人文精神。因以鸟虫篆、《越人歌》为表征的楚越文化交融和徐偃王流亡越地、勾践北上争霸等历史事件的发生，越地逐渐融入中原文明。及至东晋衣冠南渡，中原贤良缙绅避乱会稽，兰亭雅集、永嘉诗会，王谢风流所及，中原文化和越文化相互碰撞融合，这片神奇的土地在吸收大量中原先进文化基础上，生发出更多独具特色、丰富璀璨的文化颗粒，散点分布于浙江的山山水水之间。

　　隋唐以降，一条大运河通到钱塘，凡所流经之县域，皆成人文渊薮。浙东唐诗之路，如明珠嵌璧；越窑青瓷，千峰翠色风靡长安。浙江依托这条水上"高速公路"迅速崛起，在经济高效快速地融于全国的同时，也向全国展现了别样精彩的浙江文化，对中原产生巨大影响。唐末五代中原战乱之际，吴越国钱王保境安民，举世惶惶而越地独安，浙江又一次成为全国士子避祸传学之地，浙江的原生文化和中原文化水乳交融，极大地提高了浙江的人文学术水平。及至南宋定都临安（今浙江杭州），孔裔迁衢，杭州乃至浙江逐渐成为中华文化传承发展中心、全国的文化学术高地。有元一代，人文日渐凋敝，而浙江独领风骚。湖州赵孟頫成为有元一代赓续中华文脉之砥柱。赫赫有名的"元四家"，黄公望（常熟人，曾隐居富春）、王蒙（湖州人，曾隐居临平）、吴镇（嘉兴人，曾卖卜钱塘）、倪瓒（无锡人，曾浪迹太湖）在学习传承赵孟頫的文化艺术精髓基础上，各显其能，自成面目，为传承发展中华文化艺术作出了卓越贡献。明清以来，浙江士林，更为全国翘楚，文化勃兴，领袖群伦。浙江文脉渊深，有容乃大，继承发展，才俊迭起。事功之学、阳明心学、浙东学派、南戏越剧、《古文观止》、丝瓷茶剑、西泠印社、兰亭雅集等，更是中华文化中耀眼的明珠。浙东音声，渐如潮涌；黄钟大吕，照灼云霞。

晚清时期，中华危亡。辛亥鼎革，浙江文化所孕育的优秀儿女更是为中华千古未有之变局作出了重要贡献，秋瑾、徐锡麟、蔡元培、章太炎、鲁迅等，允文允武，可歌可泣，数不胜数。为全面赶上世界发展，全省各地掀起了重视文教事业、培养人才、发展经济的高潮。各类藏书楼、图书馆、新式院校纷纷创设，浙江人又一次发扬卧薪尝胆、奋力赶超的浙江精神，使浙江成为当时全国省域文化发达、人才众多的省份。

新中国成立后，浙江人励精图治，无论干部还是群众，都本着务实精神，立足现状，踔厉前行。即便在"文革"时期，浙江的经济、文化发展水平都显著好于其他兄弟省市，这和浙江人文内核的务实精神和文化基因的原生动力息息相关。改革开放以来，浙江更是勇做弄潮儿，充分发挥"四千精神"，培养人才，发展经济，以全国陆域较少、自然资源缺乏的省份，一举成为名列前茅的文化大省、经济强省。

历数千年，浙江以落后的山林草野原生文化，不断与吴楚和中原文化交融互鉴，融合创新，发展壮大，绝非历史偶然。浙江以其独特的文化基因和历史面貌正引起国内外专家学者的广泛兴趣，以期通过对浙江文化的研究来更好地理解中华文明，为中华文明的伟大复兴寻径探源，通过解析全省多点、散点分布的各类文化颗粒和文化价值观、文化形态、文化载体，系统研究、条分缕析在地文化基因和独特的文化原动力。构建中国文化基因理念体系，挖掘文化遗产背后蕴含的哲学思想、人文精神、价值观念、道德规范，是一项新课题、新任务。浙江在推动高水平文旅融合、建设共同富裕示范区的进程中，以解码文化基因为切入点，为构建中国文化基因理念体系提供地方经验。

研究浙江文化基因，就是对披着传统文化外衣的各类庸俗低俗的迷信活动加以甄别，科学分析，正本清源。以挖掘、激活浙江的优秀文化基因为抓手，推进文旅深度融合；有机整合乡村文化礼堂、农家书屋、场馆院团、城市书房等城乡文化资源，丰富群众文化活动。拓展新型公共文化空间，持续推动优质文化资源直达基层。为人民群众创造一个良好的文化大环境，强化文化自觉和文化自信；为浙江文化高质量传承发展厘清路径，为新时代浙江发展优秀的社会主义先进文化打好基础。文化兴则国运兴，文化强则民族强。文化基因的研究以及激活应用是浙江建设文化强省的重要切入点，是民智之本、百年大计。

我们要深入学习贯彻党的二十大精神和习近平文化思想，全面挖掘和激活浙江文化基因，推动新时代中国特色社会主义文化建设。以高质量发展为目标、融合发展为重点，紧扣激活优秀文化基因、提供优秀文化产品这个中心，厚植浙江经济社会发展文化软实力。

2024 年 1 月，全省宣传思想文化工作会议提出，要全面贯彻习近平文化思想。浙江作为文化大省，肩负起新时代文化使命，在优秀传统文化的传承发展领域开展了积极的探索。我们要不断学习贯彻习近平总书记关于中华优秀传统文化的重要论述和关于文明交流互鉴的重要论述，让文化基因的研究成果走入校园、走进课堂，成为鲜活的爱国主义教育载体、生动的"课程思政"教育实践、开放的当代青少年国际视野素养培育抓手。将浙江文化基因研究成果制作成微视频"浙江文化基因"课程（双语），通过教育信息技术实现从碎片到整体、从实地到课堂、从单一到系列的 MOOC/SPOC 转换，实现浙江文化基因在青少年群体中的代际传递，助力文化基因融入当代、植根青年，实践出一条富有浙江特色的文化传承发展新路径，为中国"培养社会主义建设者和接班人"这一宏伟目标服务。

若有所成皆非易，凝心聚力要躬行。各地课题组在当地乡土专家和各地高校文史专家的鼎力协助下，进深山到大海，调研足迹遍布海澨山陬。通过田野调查、走访座谈、查阅历史卷宗、参考海量文献，历时五年形成的研究成果，凝聚了全省各地众多专家学者和乡土文化耆老的心血，他们为浙江的文化事业作出了很大贡献。致敬他们文化溯源的热忱，学习他们极深研几的精神，真诚感谢他们无私奉献的情怀。由于篇幅有限，涉及面广，无法一一详列参与者，在此一并致谢！

吴 越

甲辰年秋于杭州